일 잘하고 싶어?

그럼 Task팀처럼 일해봐!

일 잘하고 싶어?
그럼 Task팀처럼 일해봐!

김영호(경영혁신 컨설턴트)
지음

혁신 마인드와
창의적 문제
해결 프로세스

지은이의 말

정말 회사에 가서 일을 잘했으면 좋겠다!

오늘 하루 어떻게 하면 내가 맡은 일을 잘할 수 있을까? 나와 함께 일하는 모든 사람과 서로 친밀하게 협력하여 일이 잘되면 좋겠다는 생각을 매일 하면서 직장인들은 회사로 출근한다.

필자 또한 오랜 기간 회사에 다니면서 사원에서 리더가 되어서까지도 이런 생각을 했다.

회사에 가서 동료들과 함께 일을 잘한다는 것은 정말 기분 좋은 일이다.

그래서 한가로운 휴일에는 서점으로 가서 일 잘하는 방법에 관한 책들을 찾아서 뒤적거린다.

그러나 뭔가 실무적으로 시원하게 일 잘하는 방법을 가르쳐주는 책은 눈에 잘 띄지 않으며 대부분 책이 실무와는 거리가 먼 것이 많다.

우리나라 직장인들이 알고 싶어하는 요구는 쉽게 이해 가능하고, 바로 지금 실무에 적용할 수 있는 일 잘하는 방법일 것이다.

그래서 필자가 회사에 다닐 때 생생하게 경험했던 경영혁신 분야의 실무를 바탕으로, 일을 잘하고자 하는 직장인들의 요구를 충족시키고 도움을 주려는 목적으로 펜을 들게 되었다.

이 책은 회사의 경영목표를 달성하기 위하여 경영과제 해결 프로젝트 업무를 수행하는 Task 팀원이 실무 현장에서 일하는 마음가짐인 혁신 마인드와 리더십, 팀워크 형성, 논리적이고 성과 지향적으로 업무를 수행하는 방법인 창의적 문제 해결 프로세스를 쉽게 이해하고 바로 실무에 적용할 수 있는 관점에서 쓴 것이다.

그러므로 이 책은 업무의 기획력과 실행력을 갖추는 데 많은 도움이 될 것이다. 어려운 이론서가 아니고 생생한 실무 경험을 바탕으로 쓴 것이기 때문에 회사에 다니는 직장인뿐만 아니라 사업가와 취업을 준비하는 대학생들도 한 번쯤 꼭 읽어보기를 권한다.

끝으로, 이 책이 나오기까지 도움을 주신 많은 분이 있었다.

먼저, 현직에 있는 많은 직장 선후배님과 경영혁신과 관련한 학자들의 연구와 경험의 덕분으로 이 책을 쓸 수 있었다고 생각하며, 필자의 실무 경험을 인정하고 컨설팅과 강의를 의뢰해 주시는 기업 관계자분들께도 감사드린다.

그리고 이 책을 쓰는 동안 항상 응원해준 가족들에 대하여 진심으로 고맙게 생각한다.

지은이 김영호

목 차

첫째 마당. 혁신 마인드

Part 1 혁신
원대한 꿈을 품고, 최고가 될 수 있는 방안을 찾자!

Part 2 목표와 성과
버릴 것은 과감히 버리고 핵심에 중점을 두자!

Part 3 문제
Zero Base 관점에서 다시 생각해 보자!

Part 4 우리는 One Team
상대방의 말을 잘 경청하고 진실한 대화를 하자!

둘째 마당. 창의적 문제 해결 프로세스

Part 1 테마 선정
고객이 원하는 것을 제대로 알자!

Part 4 **해결안 도출**
남들이 할 수 없고, 생각하지도 못한 것에 도전하자!

Part 5 **실행**
시작은 신중하게 하고, 시작하면 될 때까지 끝까지 해내자!

Part 6 성과 관리
성과에 자만하지 말고 항상 초심을 유지하자!

셋째 마당. Task Management

Part 1 Task팀
끊임없이 자기계발을 하자!

Part 2 Task팀 활동
열린 마음으로 소통하자!

Part 3 변화관리

함께 해야 성과가 크다. 서로를 신뢰하자!

넷째 마당. 혁신 리더십

Part 1 기본 자질

해야 할 일이라면 과감하게 하자!

첫째 마당

혁신 마인드

혁신이란?

 창의를 실행하면 **혁신**이 된다.

 아이디어에 목적과 목표를 더하면 **창의**가 되고,

 상상을 구체화하면 **아이디어**가 되며,

 원하는 것을 **상상**하고,

혁신

원대한 꿈을 품고, 최고가 될 수 있는 방안을 찾자!

1. 혁신의 정의

혁신이라고 하면 무엇인가 어려운 것 또는 마른 수건도 쥐어짜는 엄청난 고통과 노력을 동반하는 것으로 인식하는 경향이 있다.

이것은 혁신에 대한 올바른 인식이 아니다. 혁신을 고통과 노력, 인내만을 요구한다는 의미로 받아들여서는 안 된다.

혁신의 한자 표현은 가죽 혁(革), 새로울 신(新)이며, 그 의미는 가죽신을 만들 때 지저분하고 보잘것없던 야생 동물의 가죽을 삶고, 말리고, 두드리고, 주무르기를 계속하게 되면 가죽이 놀라울 정도로 부드럽게 변화되어 완전히 새로운 가죽으로 만들어진다는 것을 뜻한다.

혁신을 한자 의미로 해석해보면, 혁신은 그야말로 엄청난 노력과 인내와 땀을 요구하는 것으로 보인다. 그러나 혁신에 대한 올바른 정의와 의미를 다시 생각해 보아야 한다.

왜냐하면, 혁신을 추진하는 사람이나 조직이 혁신에 대한 정의를 어떻게 해석하고 이해하고 있느냐에 따라서 혁신을 추진하는 방법이 하늘과 땅만큼 달라지기 때문이다.

혁신의 올바른 정의란, 우리가 원하는 것을 상상하고, 그 상상을 구체화하면 아이디어가 되며, 그 아이디어에 목적과 목표를 더하면 창의가 되고, 그 창의에 실행을 배가하면 바로 혁신이 된다는 것이다.

2. 혁신해야 하는 이유

기업의 존재 목적은 경영이익을 창출하는 것이며, 계속적 기업을 추구하는 것이다.

계속적 기업이란 지속적인 이익의 창출로 끊임없이 경영하며 생존해 나가는 것을 의미한다.

이러한 기업의 존재 목적을 충족시키기 위해서는 사업환경을 분석하고 경영과제를 도출하여 해결하는 활동을 지속해야 한다.

해마다 도전적이고 경쟁적으로 변해가는 사업환경에서 기업이 생존하고 발전하기 위해서는 더욱더 어려운 경영과제를 해결해야 한다.

기존 방식으로 일해서는 더는 경영과제를 해결할 수 없는 것이 현실이다.

그래서 기업은 창의적인 혁신, 차별화된 혁신, 도전적인 혁신과 변화를 강력하게 추진해야 한다.

결국, 기업이 사업환경을 극복하고 지속해서 성장하고 발전하기 위해서는 임직원들 모두가 뼛속부터 혁신하고 변화하여 한계 상황을 정면으로 돌파함으로써 치열한 경쟁에서 이겨서 최고가 되어야 한다.

최고의 기업이 되기 위해서는 첫째, 임직원 모두가 새로운 것을 추구하는 열정을 가지고 가장 높은 경영목표를 설정하고, 그것을 달성하기 위해서 끝까지 될 때까지 도전하고자 하는 의식의 변화가 있어야 한다.

둘째, 과거 방식으로 일하던 것을 완전히 바꾸고, 자기 부서의 이익만 추구하는 부분 최적화가 아닌, 각 부서가 협업을 통하여 서로의 역량을 집중하는 전체 최적화 관점에서 성과 지향적으로 업무를 추진해야 한다.

셋째, 기존 사고를 점검하여 버릴 것은 과감히 버리고, 창의적인 사고와 유연하고 다양한 관점의 차별화되고 독창적인 역량을 갖춰야 한다. 그러면서 고객이 원하는 것을 적기적소에 제공할 수 있도록 최선을 다해야 한다.

하루가 다르게 사업환경은 급변하고 있으므로 기업은 그 변화에 대하여 임직원들이 적극적인 사고를 하게 하고, 일의 방식을 과감하게 혁신하여 대응해야 한다. 그렇지 않으면 고객으로부터 외면당할 것이며, 결국 경쟁사에 의하여 시장에서 퇴출당할 것이다.

3. 혁신의 걸림돌

미래에 달성 하고자 하는 비전과 목표를 가지고 앞으로 나아가는 혁신의 길에는 항상 많은 걸림돌이 나타난다.

진보적이고 적극적으로 변화하고 도전하고자 하는 사람은 단 1명인데 비하여, 과거를 사수하고 변화를 원하지 않는 사람은 1천 명이나 된다고 비유할 수 있다.

이렇게 새롭고 혁신적인 방식으로 변화하고 도전하기 싫어하는 사람들을 어떻게 동참시키느냐가 혁신을 추진하는 기업이 해결해야 할 가장 큰 도전이라고 할 수 있다.

혁신의 걸림돌을 해결하기 위한 바람직한 방법은 미래를 향하는 혁신의 갈림길에 항상 걸림돌이 있다는 것을 인정하는 것이다. 또한, 혁신에 동참하기를 원하지 않는 대다수 임직원에게 무조건 회사의 방침이니까 따라야 한다고 강압해서는 안 되며, 그들의 생각과 의견을 진지하게 경청하고 그들의 입장을 배려하는 자세로 임해야 한다.

왜냐하면, 혁신에 대하여 반대하거나 동참하지 않으려는 임직원들은 반드시 이유가 있기 때문이다.

그동안 수많은 노력과 경험을 통해 현재 수행하는 업무 방식에 대하여 전문성을 가지고 숙련되었는데, 완전히 새로운 업무 방식을 다시 배우며 일해야 한다는 것에 대하여 불편하게 생각할 수 있다. 새로운 업무 방식이 기존 방식보다 오히려 더 못한 결과를 초래할 것이라는 불확신 때문에 혁신에 동참하기를 거부할 수 있다.

또 다른 이유로 새롭게 추진하는 혁신 때문에 자신들이 현재하고 있는 업무가 없어짐으로써, 일자리와 지위를 잃어버릴 수 있다는 두려움 때문에 혁신에 동참하기를 꺼릴 수도 있다.

그래서 혁신을 추진하는 기업은 반드시 임직원들에게 혁신해야 하는 이유와 그것을 통하여 얼마나 업무의 효율성과 생산성이 높아지는가에 대하여 충분히 설명하고 설득해야 하며, 기존 업무를 수행하던 임직원들의 직무를 전환하거나 새로운 업무 방식에 대한 교육을 체계적으로 실시해야 한다. 그럼으로써 신뢰감을 형성하고 성과 창출에 대한 확실한 평가와 포상을 시행함으로써 혁신의 걸림돌이 될 요인들을 미리 제거해야 한다.

4. 과업지향 논리의 함정

아주 깊은 산 속에 홀로 사는 Tom은 늦은 가을이 되면 항상 나무가 울창한 숲속으로 가서 겨울에 땔감으로 쓸 나무를 해야 했다.

올해 겨울은 예년보다 더 큰 폭설이 일찍 오고 매우 추울 것이라는 일기예보가 있었다.

아직 충분한 땔감을 준비하지 못한 Tom은 심히 걱정이 되고 마음이 급해졌다.

Tom은 숲속으로 나무를 하러 가기 전에 먼저 도끼날을 점검해 보았다. 그런데 도끼날이 다시 갈아야 할 정도로 녹이 슬고 무디어져 있었다.

Tom은 도끼날을 갈아야겠다고 생각했지만, 도끼날을 갈려고 하니 마침 도끼날을 갈 도구가 어디에 있는지 찾을 수 없었다. 하지만 빨리 나무를 해야 한다는 마음만 앞서서 '지체할 시간이 없다.'라고 결정하고는 날이 녹슬고 무딘 도끼를 제대로 갈지도 않고 곧바로 깊은 숲속으로 달려갔다.

Tom은 숲에서 도끼로 나무를 한 그루 두 그루 베기 시작했다. 나무를 베면 벨수록 도끼날은 점점 무디어져만 갔다. Tom은 도끼질하기가 너무 힘들어졌고, 몸도 마음도 너무나 지쳐갔다.

Tom은 땔감으로 쓸 나무를 짧은 시간에 더 많이 준비해야 한다는 심리적인 압박감 때문에 잠시도 쉬지 않고 나무를 베느라 피로해서 지쳐버렸다.

사실 Tom은 도끼날을 미리 갈아야 한다는 것을 날마다 생각하고 있었지만, 서둘러서 땔감을 준비해야 한다는 강박감에 사로잡혀 있었다.

드디어 해가 져서 날은 어두워져 가고, 굵은 눈이 하늘에서 펑펑 내리면서 폭설이 시작되었다.

Tom은 열심히 나무를 베었으나, 겨울 동안 땔감으로 쓸 나무는 아직 충분하지 않았다.

Tom은 너무나 지쳤고 추웠으며, 배도 고팠다. 아직 충분히 다 베지 못한 나무들을 하염없이 바라보며 더는 나무를 벨 힘도 없어 아무 생각 없이 차가운 눈이 쌓인 자리에 주저앉았다.

사실 Tom은 무식하게 아무 생각도 없는 사람이 아니었다. 도끼날이 녹슬고 무디어져 있다는 것도 이미 알고 있었고, 녹슬고 날이 무딘 도끼를 가지고 나무를 베면 벨수록 더 많은 힘이 들 것이라는 것도 분명히 알고 있었다.

그러나 Tom은 지금 당장 닥쳐온 일을 멈추고 도끼날을 미리 갈거나 점검할 여유가 없었다.

Tom은 바로 '과업지향 논리의 함정'에 빠져 있었던 것이다.

사실 우리도 Tom처럼 현재 닥친 일을 빨리해야 한다는 과업 수행의 압박감에 빠져서 제대로 현상을 분석하고 점검하여 문제점을 개선할 마음의 여유를 가지지 못할 때가 있다. 일찍 서둘러서 업무를 처리해야 한다는 심리적 압박감 때문에 제대로 된 방향으로 업무를 해야 한다는 것을 잊어버리는 것이다.

효과적이고 효율적으로 업무를 제대로 하기 위해서는 미리 일어날 문제를 예측하고 현상을 분석하여 문제의 근본 원인을 개선한 이후에 본격적으로 업무를 진행해야 한다. 그것이 사전 준비 없이 일을 진행하는 것보다 훨씬 생산성이 높다는 교훈을 잊지 말아야 한다.

세계 일등 기업은 미래를 위한 경영과제를 선정하고 그것을 해결하기 위하여 인재를 중심으로 Task팀을 구성한다. 이를 통해서 예상되는 문제를 사전에 개선하거나 미래의 먹거리인 Best Practice를 확보함으로써 수익을 창출하기 위하여 모든 역량을 집중한다.

5. System 이론

System이란 일정한 능력을 갖춘 사람이라면 누구나 반복하여 업무를 수행할 수 있으며, 수행한 업무 결과를 측정할 수 있는 것으로서, 업무 결과를 창출하는 활동을 순서화한 것이다.

System 이론

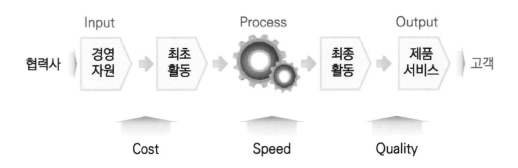

System은 Input, Process, Output으로 구성되어 있으며, 기업활동의 System은 경영자원을 투입^{Input}하고 내부 업무절차^{Process}를 거쳐서 제품과 서비스를 생산^{Output}하여 고객에게 판매한다.

이러한 기업활동은 Input, Process, Output에 이르기까지 각 단계에는 기업의 내부고객과 외부고객이 존재한다.

외부고객은 기업에 원자재 또는 정보를 제공해주는 협력사와 기업이 생산한 제품 또는 서비스를 구매하고 소비하는 고객이며, 내부고객은 기업 내부의 업무를 수행하는 임직원들이다.

내부고객의 의미를 좀 더 구체적으로 살펴보면, 전공정 업무 담당자에게 있어서는 후공정 업무 담당자가 고객이 된다.

그래서 임직원들은 자신이 하는 업무의 다음 과정의 업무 담당자가 고객이라는 것을 명심하고 업무를 수행해야 한다.

또한, Input, Process, Output의 단계별 활동에서는 투입비용^{Cost}의 절감, 신속한 업무추진^{Speed}, 최고 품질의 제품과 서비스를 만들어내는 방법^{Quality}에 대하여 끊임없이 고민하고 혁신해야 한다. 그래야만 고객에게 최고의 만족을 느낄 수 있는 가치를 제공하고, 경영이익을 극대화할 수 있다는 것을 명심해야 한다.

6. 혁신의 시작점

현재 수행하고 있는 업무절차를 Flow chart로 그려보면 무엇이 투입되고 무엇이 산출되는가를 알 수가 있다.

또한, 공급자는 누구이며 고객은 누구인지, 공급자가 투입해준 원재료나 정보가 어떤 과정을 거쳐서 제품과 서비스로 만들어져 고객에게 판매되는지를 확인할 수 있다.

즉 업무 Flow chart는 공급자가 경영자원을 제공해주는 Input 단계를 시작으로 가공 Process를 거쳐서 고객에게 고품질의 Output을 전달하는 것으로 이루어지는 System이다.

고품질의 Output 이란 고객이 요구하는 수준을 최고로 만족하는 것을 의미하며, 이를 달성하기 위해서는 Input 단계의 공급자와의 협력이 매우 중요하다.

일명 '갑질'을 하면서 강압적으로 공급자에게 더 좋은 원재료나 정보를 제공하도록 요구만 하면, 공급자는 요구하는 규격에만 맞추려고 하거나 원하는 수준 이상의 원재료나 정보를 공급하지 못하게 된다는 것을 명심해야 한다.

공급받은 원재료나 정보를 활용하여 가공하는 Process 단계는 업무수행 기준과 절차, 필요 Skill과 지식, 기계장치, 도구 등으로 구성되어 있다. 이들은 Process 단계에서 반드시 제어해야 할 중요한 요소들이다.

Process 단계를 통하여 산출되는 고품질의 Output은 제어 요소들을 어떻게 조화롭게 가공할 것인가에 따라 결정된다.

그래서 Output상의 모든 문제는 Input 단계와 Process 단계에서 제어 요소의 부분 또는 전체를 제대로 제어하지 못하여 발생한다고 볼 수 있다.

따라서 업무 Flow chart의 구성 요소들을 잘 제어하지 않으면 항상 문제가 발생하기 때문에 지속적인 개선을 통한 제어가 매우 중요하다. 이것이 바로 혁신의 시작점이 된다.

Part 2

목표와 성과

버릴 것은 과감히 버리고 핵심에 중점을 두자!

1. 목표의 중요성

전체 임직원이 공유하여야 할 회사의 비전과 목표가 명확하게 제시되지 않는다는 것은 축구장에 골대가 없는 것과 같다.

회사의 비전을 달성하고자 하는 구체적인 목표가 있어야만 임직원들의 역량을 한 방향으로 집중할 수가 있다.

목표 설정은 도전적이며 진실한 자세로 해야 한다.

왜냐하면, 적당히 달성하기 쉬운 목표를 설정하여 높은 달성률을 보였을 때 그것을 쉽게 인정하는 조직 분위기가 되면 전체 임직원은 무사안일주의에 빠지기 때문이다.

목표 설정의 수준에 따라 일하는 방식이 달라지고 창출되는 성과가 완전히 달라진다.

현재 수준에서 달성 가능한 목표를 설정하면 기존 방식과 비슷하게 업무를 해도 충분히 목표를 달성할 수 있으므로 혁신적으로 새롭게 일하는 방식을 찾기 위해 노력하지 않게 되며, 획기적인 성과 창출을 기대할 수 없다.

사실 혁신적이고 도전적인 목표를 설정했는가를 판단하기는 쉽지 않다.

그러나 높은 수준으로 목표를 설정하였다면 기존 업무 방식으로는 도저히 달성할 수 없으므로 완전히 새로운 업무 방식을 개발하게 되고 반드시 Best Practice 사례가 창출될 수밖에 없다.

그래서 아무리 현재 수준보다 높은 목표를 달성했더라도, 그 목표를 달성하기 위해서 수행했던 업무 방법을 점검했을 때 새롭고 혁신적인 Best Practice가 없다면, 처음부터 진실한 목표를 설정하지 않은 것이라고 볼 수 있다.

그리고 경쟁사보다 경영실적이 좋지 못하다면 아무리 과거보다 경영실적이 개선되었어도 경쟁력이 좋아졌다고는 할 수 없다.

목표를 설정할 때는 항상 경쟁사보다 경쟁 우위를 확보할 수 있는 목표 또는 경쟁사가 도저히 따라올 수 없는 목표를 설정하고, 그 목표를 달성하기 위하여 역량을 집중해야 한다.

현재 알고 있는 경쟁사의 수준은 현재 또는 과거의 모습이지 변화하고 있는 미래의 모습이 아니며, 따라서 이것을 기준으로 목표를 설정하지 않아야 하기 때문이다.

경쟁사 대비 경쟁 우위인 목표를 설정할 때는 미래에 예측되는 경쟁사의 수준을 능가할 수 있어야 한다.

그래서 목표를 설정할 때는 자사가 혁신과 변화를 하는 동안 경쟁사도 혁신과 변화를 계속하고 있다는 것을 명심해야 하며, 한 번 설정한 목표는 반드시 달성하겠다는 도전적인 자세로 임해야 한다.

또한, 사업환경의 악화 요인은 반드시 극복해야 하며, 좋아진 사업환경으로 인하여 특별한 노력 없이 목표가 달성된 부분에 대해서는 개선으로 인정하지 않아야 한다.

2. 부분 최적화와 전체 최적화

업무를 수행하는 관점을 부분 최적화와 전체 최적화로 나누면, 부분 최적화의 관점에서 업무를 수행하는 것은 각 부서가 각자의 이익을 추구함으로써 부서 이기주의로 치우치게 되어 결국 부서별 최고의 결과가 회사 전체의 성과 창출로 연결되지 않게 된다.

그러나 전체 최적화의 관점에서 업무를 수행하는 것은 각 부서가 회사 전체의 이익을 추구하는 큰 그림을 그리고 목표를 공유하며 긴밀하게 의사소통하면서 협업하게 함으로써, 성과를 극대화하게 된다.

각 부서의 입장에서 최선을 다하는 부분 최적화 관점으로 업무를 수행하는 것은 특정 부분의 집중적인 개선은 할 수 있겠지만, 회사의 전체 성과로 보면 업무의 효율성이나 효과성 측면에서 낭비가 발생하게 되고 결과가 매우 좋지 않다.

이러한 잘못을 범하지 않기 위해서는 항상 회사 전체의 성과를 어떻게 극대화할 것인가를 먼저 고려해서 각 부서의 역량을 모을 수 있는 전체 최적화 관점으로 업무를 해야 한다.

전체 최적화 관점에서 일하게 되면 업무의 전체 방향성과 절차를 보는 시각이 생김으로써 현상 문제를 개선하기 위한 근본적인 해결안을 도출할 수 있다.

결국, 성과 창출을 제대로 하기 위해서는 현상을 전체 최적화 관점에서 보고 개선하는 노력이 필요하며, 현상의 한 부분에만 집중적으로 개선하는 부분 최적화 관점은 엄청난 한계가 있다.

3. 성과주의

성과주의란 기업이 추구하는 궁극적인 목표를 수익 창출로 보고, 경영성과를 극대화하기 위하여 모든 역량을 집중하며, 이때 경영성과는 정량적인 지표^{KPI}로서 측정이 가능해야 함을 의미한다.

정량적인 경영성과의 지표^{KPI}로는 판매량, 생산량, 생산수율, 제조원가, Capa. 등이 있으며, Main KPI 와 Sub KPI로 서로 연계하여 하류 전개되어야 한다.

그리고 최초 목표를 설정할 당시의 사업환경보다 현재의 사업환경이 악화하였거나 미래의 사업환경이 악화할 것으로 예측되었다고 해서 이미 설정한 목표를 낮추어 수정해서는 안 되며, 어떠한 사업환경의 변화가 있더라도 반드시 설정한 목표를 달성하겠다는 정신자세가 성과주의이다.

성과주의는 현장과 현물의 사실 Data 수집과 현상 분석을 통하여 진짜 문제와 근본 원인을 찾아내고, 가장 취약한 영역 또는 가장 효과가 큰 영역부터 개선하려는 방식으로 업무를 수행한다.

그러므로 경영혁신 활동은 철저한 성과주의를 바탕으로 단순한 개선보다 창조적 파괴를 통하여 경영성과를 극대화하는 방향으로 추진하여야 한다.

특히 보여주기식의 경영혁신 활동은 하지 않아야 하며, 경영혁신 활동의 성과를 평가하는 척도는 반드시 경영이익이어야 한다.

4. 성과 이미지

시장 선도

시장 선도는 '시간은 돈이다.'라는 사고로 경쟁 우위를 신속하게 확보하고자 하는 전략적 관점이다. 사업의 초기부터 시장을 잡아야 크게 이길 수 있다는 성과 이미지를 의미한다.

예를 들면 경쟁사보다 빠르게 제품을 개발하고 생산하여 신속하게 신제품을 출시함으로써 시장을 선점하고, 투자 비용의 회수 기간을 단축하여 제품 판매 수익을 극대화하는 것이다.

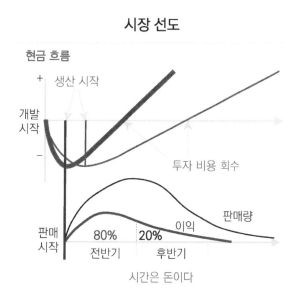

시장 선도

Process 단순화

Process 단순화는 업무 프로세스를 세분화하고 가장 비효율적이고 Bottleneck이 되는 부분들을 제거함으로써, 업무 프로세스를 단순화하여 효율성을 높이는 성과 이미지를 의미한다.

또한, Process 단순화는 업무 프로세스를 분석하여 업무를 주 업무, 대기 업무, 보조 업무로 분류하고, 대기 업무와 보조 업무 같은 불필요한 업무를 제거하거나 줄임으로써 전체적인 업무의 생산성을 높이는 성과 이미지를 의미하기도 한다.

Process 단순화와 같은 성과 이미지는 PI$^{Process\ Innovation}$ 활동을 통하여 업무의 효율과 효과를 극대화하는 경영혁신 활동에서 많이 찾아볼 수 있다.

혁신적인 기업들은 업무 프로세스를 분석하고 대기 업무와 보조 업무를 축소하거나 제거할 뿐만 아니라, 주 업무의 불필요한 요소들까지도 과감하게 제거해 나가는 극한의 도전 활동을 강력하게 추진하기도 한다.

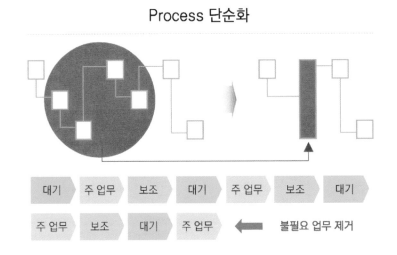

Process 단순화

5. Best Practice

Best Practice는 최고의 효과가 입증되고 재현이 가능한 창의적인 업무 방식으로써, 개발, 구매, 생산, 판매 등 각 기능 분야별 경영혁신 활동을 통하여 세계 일등의 성과를 창출해낸 차별화된 Best Skill과 핵심역량$^{Core\ Competence}$을 포함하고 있다.

Best Skill

Best Skill은 타사가 쉽게 모방하거나 따라 하기 힘든 자사만의 특별한 능력이나 경영자원을 의미한다. 단기적으로 창출된 성과를 장기적인 성과로 연결하며, 임직원들이 전사적으로 수행할 수 있는 업무 방식이다.

그래서 Best Skill은 반드시 실행을 통해서 성과가 창출되어야 하며 차별화 관점에서 추진되어야 한다.

예를 들어 택배 사업에서 처음에는 트럭으로 배달하는 것이 가장 빠른 배송 방식이었으나, 점점 도로에 차량이 많아지며 정체 현상이 나타나게 되었고, 이제는 트럭으로 배달하는 것이 가장 빠른 배송 방식이 아니게 되었다.

그래서 도로의 차량 정체 현상을 극복할 수 있는, 드론을 이용한 배송 방식이 등장하게 되었다.

이처럼 사업환경의 변화를 극복하기 위하여 기존 방식과 차별화되는 완전히 새로운 업무수행 방식이 Best Skill이다.

사업환경의 변화를 극복하는 방법은 도전적인 목표를 설정하고 이의 달성을 위한 새로운 업무 방식을 찾을 수 있도록 임직원들에게 동기를 부여하는 것이다.

세계 일등 기업들은 사업환경을 극복하기 위한 경영과제를 선정하여 도전목표$^{Stretch\ Goal}$를 설정하고, 그것을 달성하기 위하여 차별화된 Best Skill을 개발함으로써, 시장에서 경쟁 우위를 확보하고 경영성과를 극대화하는 경영혁신 활동을 지속해서 추진한다.

도전목표$^{Stretch~Goal}$를 설정하게 되면 기존 방식으로는 도저히 목표를 달성할 수 없으므로 Zero Base에서 완전히 새로운 업무 방식인 Best Skill을 개발하기 위하여 노력하게 된다.

다시 말하면, 목표 설정 수준에 따라서 업무 방식이 완전히 달라진다는 것을 의미한다.

그러나 도전목표$^{Stretch~Goal}$를 설정하고 열심히 무조건 최선을 다해 노력하는 것만으로 Best Skill이 개발되는 것은 아니다.

Best Skill의 개발은 혁신적이고 논리적인 사고와 현장과 현물의 사실 Data들에 대한 현상 분석을 통하여 불필요한 낭비 요소를 제거하고 진짜 문제와 근본 원인을 찾아 개선하는, 창의적인 문제의 해결안 도출과 실행을 통하여 가능해진다.

그러므로 무조건 열심히 하자고, 잘해보자고, 최선을 다하자고 소리치고 다짐하는 것은 진정한 경영혁신 활동이 아니다.

경영혁신 활동은 고객들에게 최고의 제품과 서비스를 제공함으로써 시장에서 경쟁 우위를 확보하고, 업계 일등이 되기 위하여 차별화된 Best Skill을 개발하는 데 역량을 집중하는 것이다.

핵심역량$^{Core~Competence}$

핵심역량은 임직원들이 보유하고 있는 탁월한 능력인 핵심기술과 지식, 조직문화 등을 의미한다.

또한, 기업이 경쟁 우위를 확보할 수 있는 힘이 되며, 최고의 제품과 서비스를 제공함으로써 고객의 만족을 극대화할 수 있는 압도적이고 독자적인 Know-how의 총합이라고 할 수 있다.

핵심역량은 고객 만족을 위한 마케팅 역량, 시장을 선도하는 기술과 제품, 최고의 경쟁력을 갖춘 생산 시스템, 최적의 공급망, 관리 효율의 극대화, 세계 일등을 지향하는 조직문화 등이 있다.

대표적인 우수 기업들의 핵심역량으로는 캐논의 정밀 광학 기술, 코카콜라의 상표 인지도 통합 마케팅, 혼다의 자동차 엔진 기술, 월마트의 물류 시스템 등이 있다.

6. Mannerism

사업환경이 변하면 기존의 업무 프로세스들은 쓸모없어진다.

단지 기존 방식으로 업무를 계속해 왔다는 이유만으로 그 방식을 지속해야 할 필요는 없으며, 사업환경이 바뀌면 더 효율적이고 효과적인 새로운 업무 방식을 찾아야 한다.

사업환경이 변화했음에도 불구하고 기존의 업무 프로세스를 기계적으로 계속 수행하는 Mannerism에 빠지는 것은 심각한 낭비 요인이다.

아무리 좋은 업무 프로세스라 하더라도 사업환경의 변화에 따라 끊임없이 개선하고 혁신해야 한다.

사업환경이 분명히 변화하고 있는데도 불구하고 기존 방식으로 업무를 계속한다는 것은 그러한 변화에 관심이 없거나 체감을 못한다는 것을 의미한다.

이것은 결국 임직원들이 맡은 업무에 대한 책임감도 주인 의식도 없다는 것을 의미하거나, 조직이 사업환경의 변화에 대한 불감증이 걸렸다고 볼 수 있다.

정말 심각한 것은 분명히 사업환경이 변화하고 있다는 것을 임직원들 모두가 인지하고 있으면서도 기존의 업무 방식을 개선하거나 혁신하지 않는 것이다.

사실 이러한 Mannerism에 빠지는 이유는 임직원들이 일에 대한 의욕이 없거나 동기부여가 전혀 안 되어 있기 때문일 수도 있다.

예를 들면 임직원 중에서 누군가가 먼저 나서서 새롭게 업무를 개선하려다가 실패했을 때 엄청나게 문책하는 조직 분위기는, 임직원들의 혁신 의지를 꺾어버리고 결국 Mannerism에 빠지게 한다.

Mannerism에 빠지지 않게 하는 방법은 끊임없이 사업환경의 변화에 대하여 임직원들에게 공유하고, 혁신의 필요성을 강조하며, 새로운 업무 방식을 수행하거나 개발하는 도전 정신을 장려하는 것이다. 또한, 창출한 성과에 대하여 공정한 평가와 파격적인 포상제도를 시행해야 한다.

나아가 임직원들이 최선을 다해 새로운 업무에 도전할 수 있고, 혁신하다가 실패를 하더라도 그런 노력을 인정하거나 수용할 수 있는 조직 분위기를 만들어야 한다.

우수한 기업들은 임직원들에게 업무 개선 성공 사례 발표회를 통하여 Best Practice를 공유하고, 업무 실패 사례 발표회를 통하여 Worst Practice를 공유한다. 그리고 그 교훈을 바탕으로 더 좋은 혁신 활동을 할 수 있도록 격려한다.

7. 목표 설정 수준과 업무 방식

목표 설정 수준에 따라 업무 방식이 달라진다는 예가 있다.

세계적인 경기 호황으로 인하여 항공업계는 엄청난 호황을 누리게 되었고, 이에 각 항공사는 항공편 수를 확대하고자 했다. 이를 위하여 최대한 빨리 더 많은 승객을 비행기에 탑승시키는 것이 경영이슈로 대두하였다.

K 항공사의 경영진은 이러한 사업환경에 대응하고 경영이익을 극대화하기 위하여 경쟁 항공사보다 더 많은 승객을 더 빨리 비행기에 탑승시키는 경영과제를 해결하기 위하여 고민하였다.

결국 K 항공사는 이를 해결하기 위한 Task팀을 구성하였으며, Task팀은 항공편 수를 확대하기 위해서는 승객들을 신속하게 탑승시켜서 비행기의 이륙을 빨리하는 것이 최선의 해결 방향이라는 것을 확인하였다. 그리고 목표 KPI를 '승객 탑승 시간'이라 정의하고 KPI에 대한 목표를 설정하고 경영과제를 해결하기 위한 활동을 시작하였다.

Task팀이 현재 KPI$^{승객\ 탑승\ 시간}$ 수준을 확인해본 결과 약 52분 소요되었으며, 탑승구가 한 개인 비행기에 승객들이 선착순으로 탑승하고 있음을 알게 되었다.

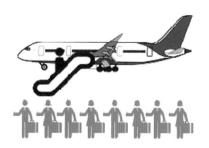

선착순으로 탑승하세요.
약 52분 후 이륙합니다.

탑승구 한 개

그러나 현재의 KPI$^{승객\ 탑승\ 시간}$ 수준으로는 절대로 K 항공사의 경영목표를 달성할 수 없는 상황이었다. Task팀은 KPI에 대한 새로운 목표 설정을 위한 분석을 시작했다.

탑승구 한 개

KPI 목표를 기존 52분 대비 약 42%를 개선하는 30분 이내로 설정하고, 탑승구가 한 개인 비행기에 승객들을 항공권 번호순으로 탑승하도록 개선 방안을 도출하였다. 그럼으로써 목표 KPI를 달성할 수 있었다.

그러나 항공업계의 호황으로 인하여 경쟁이 심해지고 있었기 때문에, Task팀은 목표 KPI를 30분에서 40% 더 줄어든 18분으로 설정하고 개선활동을 시작하였다.

이번에는 비행기 탑승구를 두 개로 늘려 승객들이 더 빠르게 탑승할 수 있도록 개선하였고, 목표 KPI를 달성할 수 있었다.

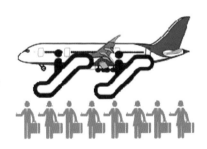

탑승구 두 개

그러나 경쟁사인 J 항공사도 그동안의 끊임없는 경영혁신 활동을 통해 승객 탑승 시간을 7분대까지 단축하고 있었다.

이에 K 항공사 경영진은 경영전략 회의를 열었다. J 항공사를 이기기 위해 목표 KPI를 5분 이내로 결정하고, Task팀에게 새로운 활동 목표를 부여하였다.

Task팀은 새로운 목표 KPI를 달성하기 위한 분석 활동을 시작하였으며, 기존 방식으로는 목표 KPI를 달성하기가 불가능하다는 것을 확인하였다. 이에 아이디어 발상의 전환을 통하여, '비행기의 한쪽 면 전체를 개방하여 승객들이 한 번에 탑승하게 하는' 해결 방향을 도출하였다.

현재 Task팀의 과제는 비행기의 한쪽 면 전체를 개방하는 Skill을 개발하고, 승객들이 탑승할 때 발생할 수 있는 문제를 미리 찾아내어 근본 원인을 해결하는 것이다.

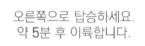

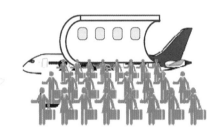

K 항공사의 사례를 보았듯이, 목표 설정 수준에 따라 그것을 달성하기 위한 업무 방식이 완전히 달라진다는 것을 알 수 있다.

결국, 시장에서 경쟁 우위를 확보하기 위해서는 경쟁사가 도저히 따라올 수 없는 도전목표$^{Stretch\ Goal}$를 설정하고 그것을 달성하기 위한 창의적인 문제 해결 활동을 수행하여야 한다. 그랬을 때 비로소 세계 최고, 세계 최초, 새로운 발견과 같은 Best Practice를 창출할 수 있다.

Part 3

문제

Zero Base 관점에서 다시 생각해 보자!

1. 문제의 정의

무엇이 문제인가? 어떨 때 문제가 생기는가? 똑같은 상황인데 어째서 어떤 사람은 그것을 문제라고 생각하고, 다른 사람은 문제라고 생각하지 않을까? 도대체 왜 이런 현상이 나타날까?

일반적으로 문제는 무엇인가 잘못된 것, 또는 바람직하지 않은 것으로 생각한다.

그러나 경영혁신 관점에서 문제는 '현재 수준과 바라는 수준의 차이^{Gap}'로 정의한다.

바라는 수준
(Should be)
원하는 결과
올바른 상태

차이 → 문제

현재 수준
(As is)
현실의 모습
원하지 않은 결과

예를 들어 A라는 사람이 현재 작은 집에 사는 것에 만족한다면, A는 주거 환경의 현재 수준과 바라는 수준 사이에서 아무런 차이를 느끼지 않기 때문에 문제가 없다고 인식할 것이다.

그러나 현재보다 더 크고 좋은 집에 살면 더 만족스러울 것이라고 생각하는 B라는 사람은, 현재의 주거 환경 수준과 바라는 주거 환경 수준과의 차이를 느끼기 때문에 문제가 있다고 인식할 것이다.

만약 현재의 작은 집에서 사는 데 만족하는 A가 현재보다 더 작은 집에서 살게 된다면, 현재의 주거 환경 수준과 그보다 더 못한 주거 환경 수준과의 차이를 느끼기 때문에, 문제가 있다고 인식할 것이다.

그러므로 문제 해결은 현재 수준과 목표 수준의 차이를 문제라고 인식하고, 그 차이를 최대한 줄이거나 완전히 제거하는 과정이라고 할 수 있다.

2. 문제의 구조

문제의 정의는 '현재 수준과 바라는 수준의 차이^{Gap}'이며, 이러한 차이^{Gap}가 구성하고 있는 요소들을 문제의 구조라고 한다.

문제를 해결하기 위해서는 반드시 문제의 구조를 파악하여 이를 구성하고 있는 각 요소를 찾아야 한다.

문제를 구성하고 있는 요소들은 수치로 측정이 가능한 정량적 KPI$^{Key\ Performance\ Index}$로 표현하며, KPI들은 서로의 인과관계에 따라 Main KPI와 Sub KPI로 분류된다.

이러한 KPI들은 Total Productivity Management 형태로 목표 하류 관리를 할 수 있다. KPI들의 인과관계는 Logic Tree 기법으로 나타낸다.

KPI는 정량적 KPI와 정성적 KPI로 분류한다. 이때 정성적 KPI는 정확하게 개선 결과를 측정하기 어려우므로, 최대한 측정이 가능한 정량적 KPI로 변경하여 나타내도록 노력해야 한다.

정량적 KPI는 매출 수량, 매출액, 영업이익, 생산량, 수율, Capa., 제품원가, 구매단가, 개발 기간 등이 있으며, 정성적 KPI들은 사업 영역, 비즈니스 모형화, 구조조정, 분사화, SCM[Supply Chain Management], 지식 관리 등이 있다.

3. 문제의 유형

현재 수준에 만족한다면, 현재 수준과 바라는 수준의 차이를 느끼지 않기 때문에 문제를 인식하지 않는다.

그러나 현재 수준에 만족하지 못한다면, 현재 수준과 바라는 수준과의 차이를 느끼기 때문에 문제를 인식하게 된다.

그리고 현재 수준에 비록 만족하더라도, 현재보다 상황이 나빠지면 현재 수준과 나빠진 수준과의 차이를 느끼게 되어 결국 문제를 인식하게 된다.

현재 수준과 바라는 수준과의 차이를 느끼는 문제의 유형은 크게 발생형, 탐색형, 설정형 문제로 나눌 수 있다.

발생형 문제

발생형 문제는 현재 수준이 더 나빠짐으로써 이미 차이^{Gap}가 발생한 문제이다.

발생형 문제의 유형으로는 미리 정해진 기준이나 규칙에서 벗어나서 발생하는 일탈 문제, 계획했던 목표를 달성하지 못하였거나 과제를 해결하지 못해서 발생하는 미달 문제가 있다.

발생형 문제는 Trouble에 관한 것들이 대체로 많다.

예를 들면 공장에서 제품을 생산하는 수율이 지속해서 90%를 유지해 오다가 어느 날 갑자기 설비나 작업자의 이슈로 인하여 70%로 내려갔을 때의 문제이다.

탐색형 문제

탐색형 문제는 바라는 수준을 현재 수준보다 더 높게 설정함으로써 의도적으로 만들어내는 문제이다.

탐색형 문제의 유형으로는 현재 상황에서 더 큰 성과를 내려고 목표를 높게 설정함으로써 현재 수준과 바라는 수준의 차이가 나타나 발생하는 개선 문제, 현재 System$^{\text{Input-Process-Output}}$을 더 체계화하기 위한 강화 문제가 있다.

예를 들면 전년 대비 올해 제품의 원가절감을 위한 목표를 상향으로 설정하고, 이를 달성하기 위하여 생산 Capa.와 수율을 극한치로 올리는 생산성 향상과 공정 CI$^{\text{Cost Innovation}}$, 경비를 절감하기 위해 생기는 개선 문제가 있다.

이외에도 품질 향상, 매출 증대 등 KPI의 목표를 현재보다 더 높은 수준으로 설정하고 개선하려고 할 때 발생하는 문제들도 탐색형 문제에 해당된다.

결국, 탐색형 문제는 회사의 모든 경영지표나 관리 시스템을 현재보다 얼마만큼 더 향상하거나 강화하겠다는 의지를 반영한다. 즉, 설정한 수준의 목표를 달성하기 위해서 반드시 해결해야 하는 문제라고 할 수 있다.

설정형 문제

설정형 문제는 전혀 경험이 없었던 새로운 것을 만들어 내고자 하는 창조적인 문제, 미지의 상황에 대하여 가설을 세우고 그 가설을 현장과 현물의 사실 Data를 근거로 분석해야만 해결안을 찾을 수 있는 문제이다.

설정형 문제의 유형으로는 기존과는 완전히 다른 새로운 목표를 설정함으로써 해결해야 하는 개발형 문제, 미래에 발생할 위험을 회피하기 위한 사전 대비 문제가 있다.

예를 들면 새로운 기능과 Spec을 가진 신제품을 개발한다거나, 고객의 특성을 전혀 모르는 신 시장의 개척, 한 번도 비즈니스를 해보지 못했던 거래선 확보^{Biz Lock-up}, 새로운 HR 제도, 경영정보 시스템의 개발 등에서 생길 수 있는 문제라고 할 수 있다.

발생형 문제, 탐색형 문제, 설정형 문제의 유형 중에서, 탐색형 문제와 설정형 문제는 의도와 의지를 갖추고 도전적인 목표를 설정함으로써 생길 수 있는 문제라는 공통점이 있다.

실무적인 관점에서 보면, 경영혁신 활동의 중심에 있는 Task팀이 해결해야 할 경영과제 속에는 발생형 문제, 탐색형 문제, 설정형 문제가 동시에 혼합된 경우가 많다.

그러므로 Task팀은, 관련 부서 임직원들과의 Communication & Coordination 활성화를 통하여, 전체 최적화 관점에서 Cross Functional하게 업무를 추진해야만 한다.

Cross Functional이란 업무를 기획할 때부터 관련 부서의 임직원들을 참여시킴으로써 업무에 대한 상호 이해도를 높이고, 원활한 의사소통을 통해 협업함으로써, 회사 전체의 경영성과를 극대화할 수 있는 방향으로 업무의 실행력을 높이는 것을 의미한다.

4. 문제의식

문제를 찾고 문제의 원인을 알려는 생각 자체를 전혀 하지 않는다면, 당연히 문제를 해결하기 위한 아무런 행동도 하지 않게 된다.

그래서 문제를 해결하기 위하여 가장 중요한 것은 분명한 문제의식을 느끼는 것이다.

문제의식이란 문제를 찾아서 그 원인을 알아내고 적극적으로 해결하려는 감수성^{Sensitivity}이라고 할 수 있다.

문제의식의 기능으로는 문제를 이미지 또는 말이나 문자로 표현하는 것, 문제의 실체를 명확하게 하고 반드시 문제를 해결하겠다는 의사를 가지고 접근하는 것이다.

문제의식을 형성하는 데 있어서 방해되는 요인은 분명한 목표 없이 추진하는 일, 새롭고 더 높은 성장과 발전을 위한 도전 정신의 결여, 질문을 억압하는 조직 분위기 등으로 인해 새롭거나 모르는 것을 알고자 하는 임직원들의 동기를 꺾어버리는 것, 환경 변화에 따라 생성되는 새로운 정보에 대한 무감각 등이라고 할 수 있다.

특히 문제의식을 느낄 수 있는 동기를 꺾어버리는 대표적인 예로, 임직원들이 새로운 일에 도전하다 실패했을 때 문책만 당하게 되는 것이 있다. 이러면 임직원들은 실패와 문책에 대한 두려움 때문에 적당하게 노력하면 달성할 수 있는 수준으로 업무 목표를 설정하게 되며, 더는 문제를 찾아내고 개선하고자 새롭고 창의적인 일에 도전하지 않게 된다.

이러한 조직 분위기가 형성되면 각 부서의 리더는 실패에 대한 문책이 두려워서 부서원들이 새로운 업무에 도전하지 못하게 하는 심각한 상황이 발생한다.

결국 문제의식을 높이려면, 임직원들이 자유로운 의사를 표현할 수 있도록 적극적으로 경청하고 배려하며 소통하는 조직 분위기를 만들어야 한다. 또한, 새로운 일에 도전하여 창출한 Best Practice를 공유하고, 창출한 성과에 대하여 공정하게 평가하고 포상해야 한다.

나아가 최선을 다해 새로운 일에 도전하다 실패한 Worst Practice에 관해서도 그 사례를 공유하고 다시 도전할 수 있는 조직 분위기를 만듦으로써 지속적으로 동기를 부여해야 한다.

5. 문제 해결

문제 해결이란 현재 수준과 바라는 수준의 차이^{Gap}를 줄이거나 없애는 것을 의미하며, 바라는 수준이 높으면 높을수록 현재 수준과의 차이^{Gap}는 더 벌어지기 때문에 그만큼 더 복잡하고 어려운 문제가 될 가능성이 크다.

도전목표$^{Stretch\ Goal}$를 설정하고 그것을 달성하기 위하여 문제 해결 활동을 하게 되면, 성과 측면에서 세계 최초, 세계 최고, 새로운 발견과 같은 Best Practice를 창출할 수 있다.

이렇게 창출된 Best Practice들을 회사 내 각 부서에 상호 Benchmarking 또는 교육으로 전파함으로써 전사적인 업무역량을 향상하는 데 이바지할 수 있다.

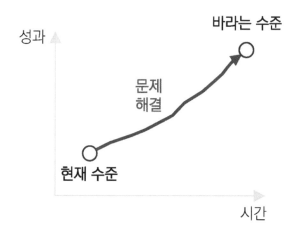

6. 문제 해결을 위한 기본 사고

문제 해결을 위한 기본 사고에는 크게 전략적 사고와 분석적 사고, Cross-Functional 협업과 발상의 전환이 있다.

전략적 사고

전략적 사고는 총체적 관점에서 효율적이고 효과적으로 업무를 추진하는 사고를 의미한다. 현재 당면한 문제를 해결하기 위한 방법을 찾는 데 집착하는 것이 아니라 당면한 문제와 해결 방안이 상위 시스템과 어떤 연관성이 있는지를 고려하면서 업무를 진행하는 것이다.

또한, 문제 해결에 관한 단기적 시각과 장기적 사고를 동시에 지니며, 경쟁 우위를 확보할 수 있는 방법을 찾아 효율적이고 효과적으로 업무를 추진하는 사고이다.

전략적 사고를 하기 위해서는 분석력과 통찰력이 있어야 한다.

분석적 사고

분석적 사고는 Output 지향, 가설 지향, Fact 지향으로 문제를 해결하는 사고를 의미한다.

Output 지향은 업무를 시작하기 전에 그 업무의 결과인 성과 이미지를 설정한 후 업무를 추진하는 것이다.

가설 지향은 진짜 문제를 찾아내기 위하여 사전에 '아마도 이런 상황일 것이다.'라고 추정한 내용을 가설로 정의하고, 그 가설의 사실 여부를 검증하기 위하여 현장과 현물의 사실 Data를 수집하여 분석하는 것이다.

가설 지향으로 진짜 문제를 찾는다는 것은 막연하게 관련될 것 같은 모든 Data를 수집하여 분석하는 것을 의미하지 않는다. 도출된 가설의 사실 여부를 검증하는 데 꼭 필요한 Data를 수집하여 분석한다는 것을 의미한다.

Fact 지향은 현장과 현물의 사실 Data만을 중요시하고 그것을 근거로 분석 및 판단하여 의사를 결정하는 것이다.

Cross-Functional 협업

Cross-Functional 협업은 문제 해결을 위하여 업무기획 단계에서부터 관련 부서의 임직원들과 회의체 같은 정기적인 의사소통 채널을 통하여 업무의 진행 사항을 공유하고, 상호 협업을 잘 끌어낼 수 있도록 하는 Networking을 구축하는 것을 의미한다.

또한, 하나의 부서가 지닌 지식과 경영자원만으로는 여러 부서가 관련된 경영과제를 해결하기 어려우므로, 관련 부서들과 함께 이슈를 공유하고 부족한 것 또는 모르고 있는 것에 대하여 지원받거나 협력함으로써 문제를 해결하는 대표적인 Communication & Coordination 방법이라 할 수 있다.

발상의 전환

발상의 전환은 과감히 고정관념을 버리고 Zero Base 관점에서 현재 상황을 백지화 및 재검토하여, 한계를 타파하고 사고의 폭을 넓힘으로써 지금까지 생각해보지 못했던 창의적인 해결안을 도출하는 사고를 의미한다.

Zero Base 사고를 하는 데 가장 방해가 되는 것은 고정관념이다. 그중에서도 가장 큰 방해자는 남도 아닌 자기 자신이다.

자기 스스로가 만든 좁은 틀 속에 갇혀서 한계를 만들며 부정적인 사고에 빠지면 문제를 제대로 해결하지 못하게 된다.

고정 관념

한계를 만들고 부정적인 요소를 생각

기존 관념

부정적 요소

Zero Base

한계를 타파하고 해결의 요소를 생각

부정적 요소

해결의 요소

7. 20:80의 법칙과 문제 분석 방향

20:80의 법칙은 경제학자 빌프레도 파레토^(이탈리아, 1848년~1923년)가 1896년경 이탈리아 인구 20%가 국가 전체 토지의 80%를 소유한다는 내용으로 발표한 논문에서 유래한 것이다.

20:80의 법칙은 파레토의 법칙^{Pareto's Principle}이라고 하며, 한 연구에 의하면 개미 사회에서도 20:80의 법칙이 발견된다고 한다.

개미 중 20%는 개미 사회에서 해야 할 일의 80%를 하고 있으나 나머지 개미 80%는 개미 사회에서 해야 할 일의 20% 정도만 한다고 한다.

또한, 거기서 상위 20%의 개미들만 모아놓고 개미가 일하는 모습을 관찰해보면, 정말 신기하게도 그중 20% 정도의 개미만 열심히 일하고, 나머지 개미들은 휴식을 취하는 것을 볼 수 있다고 한다.

사람들이 사는 사회에서도 이런 현상이 나타난다. 전체 성과의 80%는 상위 20%의 사람이 이바지한 결과이며, 나머지 80%의 사람들은 단지 전체 성과의 20%만 이바지한다고 한다.

그리고 전체 판매 수량의 80%는 20%의 제품에서 창출된다거나,

개인 재산 총액의 80%는 전체 인구의 20%가 차지하고 있다는 예도 있다.

20:80의 법칙 관점에서 문제를 해결하기 위한 효과적인 분석 방법은, 문제를 명확히 하고 기대하는 결과에 대한 구체적인 Output Image를 그린 후, 문제 해결 업무를 수행하는 것이다.

이렇게 하면 초기부터 전체 업무의 80% 이상을 수행한 것과 같은 결과가 나올 수 있다고 한다.

문제를 분석할 때 기대하는 Output Image를 미리 명확하게 하지 않고, 맹목적으로 관련된다고 추정되는 Data를 모두 수집하려는 분석 지향적 방식으로 접근하게 되면, 투입한 노력에 비하여 분석 결과를 만들어내는 시간이 오래 걸리거나 제대로 된 결과를 얻어낼 수 없다.

그러나 문제를 분석하는 기획 단계에서부터 기대하는 Output Image를 명확히 하고, 문제를 유발한 원인으로 추정되는 이슈를 가설로 설정한 뒤, 현장과 현물의 사실 Data를 중심으로 그 가설이 진짜 문제인가 아닌가를 하나씩 검증하면서 가설 지향적 방식으로 접근하게 되면, 불필요한 Data까지 모두 분석하는 낭비를 줄일 수 있고, 시간과 노력을 적게 투입하면서 더 빨리 더 많은 양질의 분석 결과를 만들어낼 수 있다.

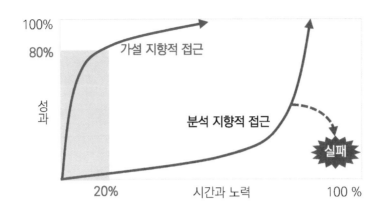

8. 잘못된 문제 해결 방식

문제가 있음을 분명히 인식하고 있으면서도 과거의 경험이나 편견, 그리고 감으로 문제의 해결안을 도출하거나, 상사의 강압적인 지시에 못 이겨서 문제의 해결안을 도출하는 것은 잘못된 문제 해결 방식이다.

이렇게 되면 제대로 된 현상 분석 활동을 못 하게 되어 문제의 근본 원인을 모르는 상태에서 잘못된 해결안이나 미흡한 임시 대책 등을 적용하게 된다.

문제에 대한 미흡한 해결안을 적용하게 되면 문제가 재발하거나 더욱더 악화될 수 있다.

9. 바람직한 문제 해결 방식

바람직한 문제 해결 방식은 Zero Base 관점에서 현장과 현물의 사실 Data를 검증하고 분석하여, 진짜 문제와 근본 원인을 찾아서 문제의 해결안을 도출하는 것이다.

문제를 해결하는 가장 기본적인 자세는 현장에 직접 가서 현물을 확인하고 원리와 원칙에 의하여 현상을 분석함으로써 문제의 해결안을 찾는 활동을 하는 것이다.

예를 들어 공장의 제품 생산성의 문제가 있다면, 직접 공장으로 가서 생산라인을 관찰하고 현장 사원들을 인터뷰하며 생산라인에서 직접 작업해 봄으로써 생산과 관련한 원리 원칙에 따라 문제의 해결안을 도출하는 것이다.

10. 문제 해결의 장애 요소

문제의 정의가 모호하거나 문제를 유발한 원인을 제대로 분석하지 않고 해결안을 도출하려는 시도는, 그 해결을 더욱 어렵게 만드는 장애 요소가 된다.

문제를 직접 겪고 있는 부서의 임직원 또는 문제 해결을 위한 지원과 의사결정을 할 수 있는 Top$^{CEO\ 또는\ 경영층}$을 문제 해결 활동에 참여시키지 않는 경우에도 중대한 장애 요소가 생기게 된다.

또한, 부서나 임직원 개인이 통제할 수 없는 영역의 문제를 다루는 것, 새롭고 창의적인 문제의 해결안을 찾기보다 기존 방법으로 문제의 해결안을 도출하고자 하는 것 역시 문제 해결의 장애 요소가 된다.

그 외에도 문제의 해결안을 구체적으로 실행하기 위한 체제의 구축이 미흡하거나, 실행의 진척 상황을 모니터링하며 성과를 공정하게 평가하고 포상하는 체계를 구축하지 못한 것도 문제 해결을 어렵게 하는 장애 요소가 된다.

Part 4

우리는 One Team

상대방의 말을 잘 경청하고 진실한 대화를 하자!

1. 사실 지향적 대화와 관계 지향적 대화

대화 방식에는 자기의 관점에서 사실적인 내용을 중심으로 전달하는 사실 지향적 대화와 상대방의 관점에서 심정을 헤아리면서 내용을 전달하는 관계 지향적 대화가 있다.

사실 지향적 대화는 일이 일어난 현상에 대해 아무런 감정의 개입 없이 사실 그대로를 전달하는 사무적인 대화라고 할 수 있다.

예를 들면 "생산성이 90% 올라간 이유는 생산 Capa.와 수율이 향상되었기 때문입니다.", "오전에 트럭과 버스가 도로에서 서로 충돌했습니다."와 같이, 일이 발생한 사실을 전달하는 대화라고 할 수 있다.

그러나 관계 지향적 대화는 상대방의 마음과 감정을 헤아리면서 서로 간에 친밀감이 생기게 하는 대화라고 할 수가 있다.

예를 들면 "오늘 옷이 아주 예쁘고 잘 어울리네요.", "오늘 얼굴이 밝네요. 무슨 좋은 일이 생겼나 보네요."와 같이, 상대방을 배려하는 감성적인 대화이다.

다른 부서의 임직원들을 만나서 업무 미팅을 할 때, 사실 지향적 대화와 관계 지향적 대화를 적절한 비율로 사용하는 것이 서로 친밀감을 형성하고 협력을 끌어내는 데 많은 도움이 된다.

예를 들어 처음 만났을 때는 관계 지향적 대화 10%, 업무 내용 협의는 사실 지향적 대화 80%, 헤어질 때는 관계 지향적 대화 10%의 비율로 대화하면 효과적이라고 한다.

실제로 우리는 무의식적으로 또는 습관적으로 사실 지향적 대화와 관계 지향적 대화를 적절한 비중으로 섞어서 업무 미팅을 하고 있다고 본다.

그러나 좀 더 의식적으로 이러한 대화 방법을 사용하는 노력을 하는 것도 좋을 것 같다.

처음 만났을 때
(관계지향적 대화 10%)

업무 관련 협의할 때
(사실지향적 대화 80%)

헤어질 때
(관계지향적 대화 10%)

2. 동기부여

유능한 리더는 동기를 유발하는 사람으로서 임직원들에게 관심을 가지고 활력이 넘치는 조직 분위기를 만든다.

또한, 유능한 리더는 성과가 어떻게 창출되었는가에 대해서도 잘 알고 있으며 성과 창출에 이바지한 임직원들에게 공정한 평가와 보상을 하려고 노력한다.

아무 생각과 개념이 없고 불공정한 리더, 신용이 없고 비윤리적인 리더, 회사 내에서 정치적인 것에만 관심이 있고 임직원들을 과중한 업무로 혹사하는 리더는 임직원들의 사기를 저하하고 조직의 역량을 제대로 발휘하지 못하게 만든다.

이처럼 리더의 역할은 매우 중요하다고 볼 수 있다.

그러나 또 다른 관점에서 동기부여를 생각해보면, 임직원들이 리더에게 동기를 부여해주는 것도 중요하다.

왜냐하면, 임직원들이 리더의 사기를 높여주는 것도 조직의 역량을 제대로 발휘할 수 있도록 하는 데 큰 영향을 미치기 때문이다.

그러므로 우수한 성과를 창출하는 조직은 리더와 임직원들 간에 서로 동기부여를 잘하고 팀워크도 좋다.

동기를 부여하고 활기찬 조직 분위기를 만드는 방법은 경청과 배려를 바탕으로 원활하게 의사소통을 할 수 있도록 리더와 임직원들이 함께 노력하는 것이다.

3. Communication & Coordination

업무기획 단계에서부터 간과해서는 안 되는 것은, 관련 부서 임직원들과의 원활한 의사소통으로 협업을 활성화하는 것이다.

자신만의 노력으로 개인이나 조직이 문제의 해결안을 도출하고 실행하는 데는 한계가 있기 때문이다. 업무기획 단계에서부터 관련 부서 임직원들과 원활하게 의사소통하고 협업하는 것은 성과 창출에 큰 영향을 미친다.

그러므로 업무기획 단계에서부터 관련 부서 임직원들이 참여하도록 하여 업무 목적과 Output Image, 업무 내용에 대한 상호 이해도를 높이고 적극적인 관심과 협력을 끌어내야 한다. 그럼으로써 문제의 해결안을 신속하고 원활하게 도출하고 실행할 수 있게 된다.

업무 실행력의 저하 요인은 업무에 대한 관련 부서 임직원들의 이해도와 참여도가 낮아서 발생하는 경우가 많다.

Communication & Coordination을 만들어 나가기 위해서는 먼저 의사소통과 협업을 해야 할 관련 부서의 임직원이 누구인지 명확히 확인해야 하며, 정기적으로 의사소통을 할 수 있는 회의체를 구축해야 한다. 또한, 활발하고 빈번하게 업무의 진행 내용을 프리젠테이션하고 공유해야 한다.

특히 프리젠테이션 자료는 쉽게 이해할 수 있도록 전달하는 의미를 분명하게 표현하는 것이 중요하므로, 간략하고 논리적으로 잘 작성해야 한다.

사람들은 발표자의 설명을 귀로 듣기 전에 눈으로 먼저 프리젠테이션 자료를 보고 내용을 이해하려는 경향이 있기 때문이다.

프리젠테이션 자료가 시각적으로 이해하기 쉽게 잘 작성되어 있으면, 발표자의 설명을 귀로 들었을 때 이해도가 더 높아짐으로써 해당 업무에 관한 관심을 잘 유도할 수 있다.

관련 부서의 임직원들과 업무 미팅을 통하여 직접적인 만남을 갖고 피드백을 전달하는 것도 매우 중요하다.

예를 들어 거리상 서로 멀리 떨어져 있다면 이메일 또는 화상회의를 통해 업무 내용을 공유하는 것이 효율적이겠지만, 적어도 일주일에 한 번 아니면 한 달에 한 번이라도 직접 만나서 얼굴을 보면서 업무 내용을 공유하는 것이 더 효과적일 수 있다.

직접 만나서 상대방의 표정이나 감정, 느낌 등을 피부로 느끼면서 업무 내용을 공유하면 이해도를 훨씬 더 높일 수 있으며, 서로 친밀감을 형성하고 협업을 끌어내기 쉽기 때문이다.

그리고 관련 부서 임직원들과 원활한 의사소통 및 협업 체계를 잘 구축하여 활성화하게 되면, 업무에 필요한 정보와 아이디어 같은 Resource들을 안정적으로 입수할 수 있는 장점이 있다.

4. 효율적인 회의 운영

효율적인 회의 운영을 위한 요소는 원활한 회의의 진행, 참석자들의 적극적인 아이디어나 의견의 제시, 회의 시간의 단축과 회의 준비자의 역할, 회의 진행자의 역할, 회의 참석자의 역할이 있다.

회의 준비자가 점검해야 할 사항

(회의 시작 전)

○ 필요한 회의인가?

○ 회의의 목적과 안건을 명확히 하여 사전 통보했는가?

○ 회의 안건에 대해 참석자와 사전 협의가 있었는가?

○ 회의 자료는 쉽고 간결하게 정리하여 사전에 공유했는가?

○ 안건별 논의시간 계획을 수립했는가?

○ 회의 참석에 적합한 필요 대상자를 선정했는가?

○ 관련 부서와 사전 협의를 통해 참석 대상자를 선정했는가?

○ 회의 시각과 종료 시각을 결정했는가?

○ 회의실과 회의에 필요한 준비물들이 확보되었는가?

(회의 진행 중)

○ 회의록을 작성하는 서기가 선정되었는가?

○ 회의 진행 중 요구된 부족한 준비 사항에 대한 지원 여부?

(회의 종료 후)

○ 회의 진행 전반에 대한 평가가 이루어졌는가?

○ 회의록이 작성되어 관련자에게 Feedback되었는가?

회의 진행자가 점검해야 할 사항

(회의 시작 전)

○ 회의 진행 절차 시나리오는 준비되었는가?

○ 회의 종료 시각을 설정하였는가?

○ 회의 참석자 인원을 확인하였는가?

(회의 시작 시)

○ 회의의 목적과 주요 안건에 관한 내용을 발표했는가?

○ 회의 진행 절차와 시간 계획을 합의하였는가?

(회의 진행 중)

○ 참석자에게 균등한 의사 발언 기회를 주고 있는가?

○ 참석자들이 자유롭게 발언할 수 있도록 하는가?

○ 동등한 입장에서 의사소통이 원활히 이루어지는가?

○ 일부 참석자의 장시간 발언, 논쟁, 불필요 발언에 대해 적절

히 조처하고 있는가?

(회의 마무리)

○ 회의 순서 및 안건별 시간 관리를 잘하고 있는가?

(회의 종료 후)

○ 참석자 전원의 합의를 통하여 결론이 도출되었는가?

○ 회의 결과를 정리하여 설명하였는가?

○ 회의에서 결정된 사항에 대한 업무 분담을 명확하게 하였는가?

○ 회의 결과에 대한 참석자들의 평가를 받았는가?

○ 회의에서 결성된 사항을 원활하게 실행하도록 지속적인 Follow-
up 체계를 구축했는가?

회의 참석자가 점검해야 할 사항

(회의 시작 전)

○ 회의 안건에 대해 사전에 충분히 검토했는가?

○ 회의 시작 5분 전에 회의실에 착석했는가?

○ 참석이 불가한 상황이 발생한 경우 사전에 회의 주관 부서에
불참 여부를 통보하였는가?

○ 회의 참석에 필요한 논의 자료나 용구들을 준비했는가?

(회의 진행 중)

○ 다른 참석자들의 의견을 적극적으로 경청하는가?

○ 논리적이고 간단명료하게 의견을 발언하는가?

○ 회의 안건에서 벗어난 내용을 발언하고 있지 않은가?

○ 적극적으로 회의에 참여하고 집중하고 있는가?

○ 자기감정이나 자기 부서 중심적인 사고로 객관적인 사실을 무시하고 자기주장만 펼치고 있지 않은가?

(회의 종료 후)
○ 회의에서 결정한 사항에 대해서 비록 반대 의견을 가지고 있더라도 적극적으로 받아들이는가?
○ 결정된 사항과 업무 분담에 대하여 적극적으로 실행하고자 하는가?

5. Brainstorming

효율적인 회의 운영과 더불어 효과적인 회의를 하는 것도 매우 중요하다.

효과적인 회의를 위해서는 회의 참석자들이 적극적으로 참여하여 많은 아이디어와 의견을 제시하는 분위기를 만들어야 한다.

이러한 회의 분위기를 만드는 대표적인 기법이 Brainstorming 이다.

Brainstorming은 회의 참석자들이 최대한 많은 아이디어를 내도록 하는 것으로서, 자유롭게 아이디어를 도출하도록 하며 다른 참석자들이 제시한 아이디어에 대하여 절대로 비판하지 않도록 하는 것이다.

또한, 다른 참석자가 제시한 의견에 일단 편승하여 아이디어를 좀 더 보완하거나 구체화하는 노력도 해야 한다.

회의 진행자는 토론이 주제에서 벗어나지 않도록 참석자들에게

제를 명확하게 제시하고, 어떤 아이디어이든 일단 채택한 후 회의를 마무리할 때 채택된 아이디어를 평가하여 최종 채택하는 과정을 진행해야 한다.

6. Post-it을 활용한 의견 모으기

아이디어 회의에서 참석자들의 의견을 자유롭게 끌어낼 수 있는 방법의 하나가 Post-it을 활용한 의견 모으기이다.

종종 회의 참석자들은 부끄럽거나 부담스러워서, 또는 성격상 등등 여러 가지 이유로 인하여 쉽게 자기 의견을 논리적으로 발표하지 못할 수 있다. 이럴 때 Post-it을 활용한 의견 모으기는 아주 좋은 방법이 될 수 있다.

Post-it 아이디어 모으기 절차

Step1. Brainstorming을 통하여 나온 아이디어들을 Post-it에 기록하여 보드에 붙인다.

Step2. Post-it 에 기록된 내용이 비슷한 것 끼리 그룹화한다.

Step3. 그룹별로 타이틀을 붙인다.

타이틀 1　　타이틀 2　　타이틀 3　　타이틀 4　　타이틀 4

Step4. 각 그룹을 다시 중그룹과 대그룹으로 그룹화한다.

타이틀 1　　타이틀 2　　타이틀 3　　타이틀 4　　타이틀 4

대그룹　　　　　　　　　중그룹

Part 5

Logical Thinking

기본과 본질에 충실하자!

1. 논리적인 사람과 비논리적인 사람

Logical Thinking이란 주체적이며 긍정적이고 적극적으로 생각하는 것이다.

논리적인 사람은 주장하는 바가 명확하여 상대방이 이해하기가 쉽다.

그러나 비논리적인 사람은 이해하기가 어렵다.

사고적인 측면에서 보면, 논리적인 사람은 방침이 분명하며, 체계적이며 긍정적이고 적극적으로 사고한다. 비논리적인 사람은 방침이 불분명하고, 고민만 많이 하며, 항상 부정적이고 소극적으로 사고한다.

행동적인 측면에서 보면, 논리적인 사람은 정보력이 있고 정리 지향적이며, 말할 때 목소리를 크게 하고 자신이 있다. 또한, 결론부터 간단명료하게 말한다.

그러나 비논리적인 사람은 정보력이 없고 감정 지향적이며, 말할 때 목소리를 작게 하고 말꼬리를 흐린다. 또한, 상황부터 장황하고 길게 말한다.

논리적인 사람은 사고와 행동이 명확하고 이해하기가 쉽다. 하지만 비논리적인 사람은 사고와 행동이 불명확해서 이해하기가 정말 어렵다.

2. 논리적인 조직과 비논리적인 조직

논리적인 사람과 비논리적인 사람을 비교하는 관점을 확대하여, 논리적인 조직과 비논리적인 조직의 비전과 미션, 전략과 계획, 조직문화 측면의 특성을 비교해볼 수 있다.

비전과 미션 측면에서 보면, 논리적인 조직은 차별화된 비전과 미션을 가지고 있으며, 그것이 리더의 경영철학과 일치되어 있어 임직원들이 애착을 갖는다.

반면에 비논리적인 조직은 일반적이고 흔한 비전과 미션을 가지고 있으며, 그것에 리더의 사고가 억지로 주입되어 있어서 임직원들이 애착을 갖지 못한다.

전략과 계획 측면에서 보면, 논리적인 조직은 선택과 집중이 잘되어 있고, 매우 구체적이며, 전략과 계획이 잘 연계되어 있다.

그러나 비논리적인 조직의 전략과 계획은 매우 추상적이며, 흔한 상식들로 나열되어 있어서 서로 일치하지 않고 따로 논다.

조직문화 측면에서 보면, 논리적인 조직은 Rule이 단순하고 명확하며, 조직 분위기가 매우 밝고 활기차다.

반면에 비논리적인 조직은 Rule이 없거나 복잡하고, 조직 분위기가 어둡고 활기차지 못하다.

이처럼 논리적인 조직은 비전과 미션, 전략과 계획, 조직문화 측면이 명확하게 정립되어 있어서 이해하기가 쉽지만, 비논리적인 조직은 이해하기가 매우 어렵다.

결론적으로 조직 내에 논리적인 사람이 많으면 많을수록 그 조직은 논리적인 조직이 될 가능성이 클 수밖에 없다. 즉, 조직을 형성하고 있는 임직원들의 자질이 논리적이냐 비논리적이냐에 따라 전체 조직의 모습이 결정된다고 볼 수 있다.

둘째 마당

창의적 문제
해결 프로세스

창의적 문제 해결 프로세스란?

○ 창의적 문제 해결 프로세스는 Task팀이 경영과제를 해결 하기 위하여 논리적인 원칙과 절차에 따라 업무를 수행하는 방식이다.

○ 창의적 문제 해결 프로세스를 알게 되면 문제에 대한 정의를 내릴 수 있으며, 문제 해결을 위한 절차를 익힘으로써 업무를 기획적이고 효율적으로 추진할 수 있게 된다.

   또한, 문제를 찾고 문제를 유발한 원인을 분석하는 데 있어 자신감이 생기며, 가장 적절한 문제의 해결안을 도출하고 실행할 수 있다.

○ 창의적 문제 해결 프로세스는 항해하는 배의 나침반이라고 할 수 있다.

   배가 나침반을 가지고 항해한다면 나침반 없이 항해하는 것보다 더욱 빨리, 보다 효율적이고 효과적으로 항구에 도달할 수 있다.

○ 창의적 문제 해결 프로세스는 **테마 선정, 목표 설정, 현상 분석, 해결안 도출, 실행, 성과 관리**의 6단계로 구성이 되어 있다.

Part 1

테마 선정

고객이 원하는 것을 제대로 알자!

1. 호랑이와 사업가

어느 날 영국인 사업가와 미국인 사업가가 휴가 기간에 인도를 여행하게 되었다.

여행하는 도중 그들은 깊은 밀림으로 들어가게 되었고, 그곳에서 배를 굶주린 사나운 호랑이를 만나게 되었다.

영국인 사업가는 너무 놀라서 빨리 도망가려고 하는데, 미국인 사업가는 호랑이의 동태를 살피면서 등산 가방에서 운동화를 꺼내 신는 것이었다.

이런 모습을 본 영국인 사업가는 황당해하며 빨리 도망가야지 왜 지금 운동화를 신고 있느냐고 물었다.

이에 미국인 사업가는 "내가 지금 운동화로 갈아 신는 이유는 호랑이보다 빨리 뛰려는 게 아니다. 너보다 더 빨리 뛰기 위한 것이다."라고 대답했다.

이 이야기는 기업들이 자신이 처한 사업환경에 대응할 때, 가장 중요한 일을 찾아서 선택하는 것이 최우선 과제가 되어야 한다는 교훈을 말해준다.

2. 테마 선정이란?

테마 선정은 자사를 둘러싼 사업환경인 정치, 경제, 사회, 문화 등과 같은 일반환경^{Force At Work}과 함께, 시장과 고객, 경쟁사와 자사의 역량 등을 분석함으로써 경영이슈를 도출하고, 중요성과 용이성 평가를 통해 Task팀이 해결해야 할 테마^{경영과제}를 선정하는 과정이다.

사업환경 분석

Force At Work
(정치. 경제, 사회, 정보화, 가치관, 라이프 스타일, 문화 등)

고객
Customer

경쟁사의 대응 역량
(강점/약점)
Competitor

기회와 위협

자사의 대응 역량
(강점/약점)
Company

경영이슈 도출
(테마 후보안)

테마 선정

테마 선정의 절차는 다음과 같다.

첫째, 사업환경 분석을 통하여 기회와 위협 요인을 도출한다.

둘째, 사업환경의 기회와 위협 요인에 대하여 경쟁사와 자사가 어떤 강점과 약점을 가졌는지 파악한다.

셋째, 자사의 약점을 보완하고 강점을 강화함으로써 경쟁사 대비 경쟁 우위를 확보할 수 있는 경영이슈들을 도출한다.

넷째. 각 경영이슈를 Why. How much, How 측면에서 내용을 구체화하여 정리하고, 중요성 측면의 매출과 경영이익의 기여도, 재현성과 파급성, 고객 만족 기여도, 경쟁사와의 차별화와 용이성 측면의 실행상 난이도, 성과 가시화 기간을 종합적으로 평가하여 가장 높은 점수로 평가된 경영이슈를 Task팀이 해결해야 할 테마^{경영과제}로 선정한다.

경영이슈의 평가 기준

테마 후보안	중요성				용이성		총점	우선 순위
	매출/이익 기여도	재현성/ 파급성	고객 만족 공헌도	경쟁사 차별화	실행상 난이도	성과 가시화 기간		

3. 경영이슈 분석

경영이슈를 분석하는 목적은 사업환경과 함께 고객이 자사와 경쟁사에 대하여 무엇을 요구하고 있는지를 파악하고, 시장에서 경쟁우위를 확보하기 위하여 해결해야 할 경영과제를 찾아 Task팀 활동의 테마를 선정하기 위한 것이다.

경영이슈 분석의 대표적인 방법으로는 3C & FAW 분석, SWOT 분석, 4P 분석, STP 전략 등이 있다.

3C & FAW 분석

3C & FAW 분석은 자사를 둘러싸고 있는 사업환경인 고객, 경쟁사, 자사와 정치, 경제, 정부의 규제와 정책, 국제관계, 사회와 문

화, 라이프 스타일, 가치관인 일반환경$^{Force\ At\ Work}$을 분석하는 경영 이슈 도출 방법이다.

3C 분석은 사업환경의 구성 요소인 고객^{Customer}, 경쟁사^{Competitor}, 자사^{Company}의 현황과 변화를 분석함으로써 구체적인 업무 전략의 방향성을 설정하는 방법이다.

3C 분석에 있어서 검토할 사항은 어떤 고객의 요구사항을 선택할 것인가, 어떤 방법으로 경쟁사와 차별화할 것인가, 어느 영역에 경영자원을 집중하여 투입할 것인가이다.

FAW$^{Force\ At\ Work}$ 분석은 사업환경의 변화를 일으키는 Macro한 힘인 정치, 경제, 정부의 규제와 정책, 국제관계, 사회와 문화, 라이프 스타일, 가치관 등의 일반환경이 자사에 기회와 위협을 주는 요소에 어떠한 영향을 미치는 것인지를 찾아내어, 3C 분석을 추가 보완하는 분석 방법이다.

특히 3C 분석을 할 때 주의해야 할 사항은, 지나치게 경쟁사에 대하여 집중하는 것보다는 고객에 최우선으로 집중해야 한다는 점이다. 고객들로부터 자사의 경영철학이나 서비스가 높은 평가를 받지 못한다면, 고객의 관심을 얻지 못하기 때문이다.

그리고 자사의 입장에서 시장 상황을 독단적으로 판단하지 않아야 한다.

예를 들어 자사가 수익을 10% 향상하기 위하여 정가 20,000원의 상품을 22,000원으로 올렸지만, 경쟁사는 오히려 상품 가격을 19,000원으로 내렸고, 상품을 구매하려는 고객은 그 상품의 가치를 18,500원 정도가 적당하다고 생각한다면, 아마도 자사의 22,000원짜리 상품은 제대로 판매되지 못할 것이다.

3C 분석을 통하여 자사의 상황을 파악하였다면, 다음 순서는 시장에서 어떤 고객의 요구를 만족하게 할 것인지를 선택하는 것이다. 이때 어떤 기술과 방법으로 경쟁사와 차별화할 것인지에 대하여 아이디어를 도출해야 한다.

그리고 자사의 경영자원과 핵심역량을 어느 곳에 집중 투입할 것인지 결정해야 한다.

SWOT 분석

SWOT^{Strengths Weaknesses Opportunities Threats} 분석은 신사업에 진출할 것인가를 결정하거나, 현시점에서 자사의 사업 또는 제품이 처해있는 환경을 정리할 때 경영이슈를 도출하는 분석 방법이다. 사업환경의 기회와 위협 요인에 대하여 자사의 강점과 약점을 분석하고 이에 함축된 의미를 도출한다.

SWOT 분석을 할 때 검토해야 할 사항은 자사의 강점과 약점, 조직 및 사업의 가치, 사업환경의 기회와 위협 요인, 대응 방안, 이해관계자 등이다.

SWOT 분석 절차는, 3C & FAW 분석을 통하여 기회와 위협 요인을 도출하고, 이에 대응하기 위하여 자사와 경쟁사가 어떤 강점과 약점을 가지고 있는지를 분석하여, 경영이슈를 도출하게 된다.

사업환경

	기회 (Opportunities)	위협 (Threats)
강점 (Strengths)	**A** 사업기회에 대하여 자사의 강점을 어떻게 활용할 것인가?	**B** 자사의 강점을 활용하여 위협을 기회로 만들기 위한 방법은?
약점 (Weaknesses)	**C** 사업기회를 놓치지 않기 위하여 자사의 약점을 어떻게 보완할 것인가?	**D** 위협과 자사의 약점으로 인한 한계 때문에 발생할 최악의 상황에 어떻게 대응할 것인가?

자사

4P 분석(Marketing Mix)

Marketing Mix는 미시간 주립 대학교 E. 제롬 매카시 교수가 1960년에 최초로 소개하였다. 그는 회사가 고객들이 원하는 요구를 만족하는 마케팅 전략을 수립할 때 Product, Price, Place, Promotion의 4가지 요소를 활용한다고 하였다.

Marketing Mix는 노스웨스턴대학교 켈로그 경영대학원 필립 코틀러 교수에 의하여 4P 분석으로 알려지게 되었다.

4P 분석은 Product, Price, Place, Promotion을 효과적으로 구성하고 조합하여, 고객의 요구를 만족시킴으로써 매출 향상과 이익 창출, 회사의 이미지 제고를 가져올 수 있도록, 마케팅 효과를 극대화하는 경영이슈를 도출하는 분석 방법이다.

4P

Product	Price
제품 특성 기능 특성, 품질, 품질보증 사이즈, 스타일, 브랜드명 서비스, 반품 조건	**가격 책정** 정가, 할인, 이익 폭, 지불 조건과 기한 환불 제도
Place	Promotion
마케팅 채널 판매 영역, 입지 조건 재고, 유통 경로, 배송 방법	**홍보 광고** On/Offline 광고, 판매 활동, 홍보(PR)

4P 분석 시 검토해야 할 사항은 제품의 기능과 성능 측면, 품질, 가격 경쟁력, 저비용의 신속한 유통망 확보, 효과적인 판매촉진 활동 등이 경쟁사와 대비하여 월등하게 우수한지이다.

Product는 체험과 행사^{Event}, 정보와 지식, 조직, 생각이나 이념 같은 눈에 보이지 않는 제품과 소비재와 산업재 같은 눈에 보이는 제품으로 분류된다.

Price는 회사의 경영이익과 시장 점유율 확보에 직접 영향을 미치는 요소이다.

특히 4P 중에서 Product, Place, Promotion은 비용의 발생과 관련되어 있으나 Price는 이익의 창출과 관련되어 있다.

Price는 경쟁가격, 독점가격, 정부가 규제하는 통제가격이 있으며, 회사의 존속, 매출과 이익의 극대화, 판매 극대화, 브랜드 이미지 확보 같은 가격 전략이 있다.

Place는 제품과 서비스를 어떤 수단과 방법으로 고객들에게 전달할 것인지에 관한 유통 전략이다.

유통 전략을 수립할 경우 고려해야 할 요소들은 고객^{잠재고객 포함}의 수, 제품과 서비스의 종류, 기업 고객과 개인 고객의 분류, 고객이 구매하는 장소, 제품 설명의 범위, 가격 책정의 수준, 구매 빈도, 법적 및 제도적 제약 사항 등이다.

또한, 직접 자사가 유통할 것인가 아니면 유통 전문 업체에 위탁할 것인가도 고려해야 할 요소이다.

※ 다양한 유통 방법

1. 소매상: 최종 소비자를 대상으로 제품을 판매
2. 대리상: 제품 판매를 대행하고 수수료를 받음
3. 프랜차이즈점: 프랜차이즈/라이선스비를 내고 제품과 서비스를 판매
4. 도매상: 소매상에게 판매하는 중간상
5. 직영점: 자사의 제품을 직접 소비자에게 판매
6. 직원: 회사의 마케팅 직원이 직접 판매를 담당
7. Direct Mail: 우편으로 소비자에게 제품 판매
8. Call Center: 광고를 통해 소비자가 전화로 제품을 구매하게 유도
9. Internet: 인터넷을 통한 제품 판매

Promotion은 고객이 제품 또는 서비스를 구매하게 하도록 고객의 관심을 끌고, 제품과 서비스의 특징을 알려서 설득하고, 신뢰와

확신을 심어주는 판매촉진 활동이다.

※ 다양한 판매촉진 방법
1. 전통적인 광고: TV, 라디오, 신문, 잡지
2. 직접 마케팅: 특정 고객에게 전화, 메일, 인터넷
3. 홍보: 제품과 서비스, 기업, 경영자에 관한 기사 등
4. 제품 서비스 박람회, 전시회
5. 고객의 매장 방문

STP 전략

STP 전략은 시장세분화^{Segmentation}, 표적시장 선정^{Targeting}, Positioning을 하는 절차와 사고방식을 통해 경영이슈를 도출하는 분석 방법이다.

시장세분화는 특정 고객을 성별, 나이, 소득 수준, 소비 성향, 지역, 가치관 등의 기준으로 세분화하여 고객의 속성이나 특징, Wants, Needs, Values를 그룹으로 분류하는 것이다.

시장세분화를 하는 목적은 Core Targeting을 확인하기 위한 것으로서, 다양한 고객의 요구를 알아내어 효율적으로 만족하게 하고, 고객의 새로운 욕구와 새로운 시장에서의 기회를 발견하기 위한 것이다.

또한, 시장에서 자사 상표 간의 불필요한 경쟁을 방지하고자 하는 측면도 있다.

표적시장 선정은 비슷한 특성을 가진 고객 중에서 자사의 제품 또는 서비스를 제공하기에 가장 적합한 고객을 선정하는 것이다.

시장세분화를 한 후 각 시장별로 자사의 적합성, 제품화 가능 시기, 경영자원 투입 능력 같은 경쟁 역량과 시장의 규모, 성장성, 경쟁 강도 등의 시장 매력도를 평가하고, 자사의 경영자원과 제품, 시장과 경쟁의 특성을 고려하여 표적시장을 선정한다.

Positioning은 경쟁사와 대비하여 어떤 특징과 속성을 강조하여 자사의 차별성을 인식시킬 것인가를 결정하여 시장에서 자사의 위치를 선정하는 것이다.

고객은 인식하는 과정이 매우 선택적이며, 자신들에게 주어지는 많은 자극을 전부 다 소화하지 못하는 생리적인 한계가 존재한다. 때문에 특정한 제품에 대한 차별화된 Positioning 전략은 Simple & Unique하게 추진할 필요가 있다.

결론적으로 STP 전략은 Where to Enter & What to Compete를 결정하여 경영이슈를 도출하는 분석 방법이라고 할 수 있다.

※ Positioning의 대표적인 사례

Dell(맞춤형), Volvo(Safe), 더페이스샵(자연지향), 피죤(부드러움), Southwest Airline(가장 저렴한 탑승권 판매 항공사), 청정원(정성), 풀무원(자연, 건강), Fedex(보증), 디즈니랜드(Entertainment)

Southwest Airline의 STP 전략

Southwest Airline은 STP 전략을 통하여 고객 유치를 위한 구체적인 실행계획을 일관성 있게 추진하였다.

먼저 시장세분화 측면에서 여행하는 목적과 여행 거리를 기준으로 고객을 분류하였으며, 표적시장 선정 측면에서는 탑승권 가격의 변화에 민감하고 스케줄의 편리성을 중요하게 생각하는 단거리 비즈니스를 위한 승객과 학생들을 표적 고객으로 선정하였다.

이러한 시장세분화와 표적시장 선정을 통하여 시장에서 가장 가격이 싼 탑승권을 판매하는 The Low Fare Airline으로서 Southwest Airline의 Positioning를 결정하였다.

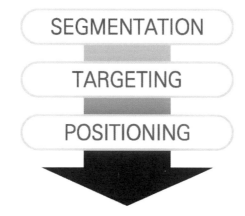

Where to Enter & What to Compete를
결정하는 마케팅 전략

4. 테마 선정의 절차

Task팀이 해결해야 할 테마^{경영과제}를 선정하는 실무적인 절차는 경영전략팀 또는 경영혁신팀이 주관하고 관련 기능 부서들이 함께 협업하여 진행한다.

Step 1. 경영이슈의 도출

첫째, 3C & FAW 분석을 통하여 자사가 현재 처한 또는 미래에 처할 사업환경을 정리하고 사업의 기회와 위협 요인을 찾아낸다.

둘째, 사업의 기회와 위협 요인에 대하여 자사와 경쟁사는 어떤 강점과 약점을 가지고 있는지 검토하고, 사업환경에 대응하기 위한 경영이슈를 구매, 개발, 생산, 영업, 서비스, 지원 등 기능 부문별로 도출한다.

셋째, 도출된 경영이슈를 각 부서가 독립적으로 대응할 경영이슈와 관련 부서들이 협업하여 대응할 경영이슈로 분류한다.

경영이슈를 효율적으로 도출하기 위해서는 경영전략팀 또는 경영혁신팀이 중심이 되고, 관련 부서들은 원활하게 의사소통하고 협업하면서 Cross Functional하게 업무를 추진해야 한다.

Step 2. 테마 후보안의 구체화

첫째, 도출된 각 경영이슈를 Why, How much, How 측면에서 내용을 구체적으로 정리한다. 이를 테마 후보안이라고 한다.

둘째, 규모와 범위에 따라 각 테마 후보안을 팀급, 사업부급, 본부급, 전사급으로 분류한다.

Step 3. 테마 확정

테마 후보안들 중에서 Task팀이 해결해야 할 최종 테마경영과제는 CEO 또는 경영층이 주관하는 TFM^Theme Focusing Meeting에서 평가하고 결정한다.

TFM에서는 Why, How much, How 측면에서 구체화한 각 테마 후보안의 내용을 공유하고, 예상 매출과 이익의 기여도, 창출될 Best Practice의 재현성과 파급성, 고객 만족도, 경쟁사와의 차별화, 실행의 난이도, 성과를 가시화할 수 있는 기간 등을 평가함으로써

Task팀이 해결해야 할 테마^{경영과제}를 최종 확정한다.

Step 4. Task팀의 구성

TFM을 통하여 테마가 확정되면, 경영혁신팀은 관련 부서들과 협의하여 Task팀을 구성한다.

특히 Task 팀원은 회사의 중요한 경영과제를 해결하는 업무를 수행해야 하므로, 반드시 관련 분야의 전문성을 보유한 우수한 임직원들을 중심으로 선발해야 한다.

테마 선정을 위한 실무 절차

5. 백상아리의 사냥

단번에 공격해서 잡아먹을 수 있는 먹이를 사냥할 때, 백상아리는 먹이가 있는 아래쪽에서 조용히 헤엄치고 있다가 순식간에 수직으로 솟아오르면서 한입에 먹이를 물어 삼켜버린다.

그러나 바다사자나 코끼리물범, 부리고래처럼 덩치가 큰 먹이를 사냥할 때는 먼저 뒤에서 조용히 접근하여 먹이의 뒷부분을 물어뜯는 일차 공격을 가한다. 그렇게 치명적인 상처를 입힌 후 물러나 기다렸다가, 먹이가 피를 흘리며 서서히 힘이 빠지게 되는 틈을 타다시 공격을 가해서 잡아먹는다.

이렇게 백상아리는 불필요한 체력 낭비와 부상을 막기 위한 전략을 가지고 먹이를 사냥한다. 때문에 무게가 3톤이 넘는 코끼리물범도 잡아먹을 수 있다.

백상아리의 사냥 방법에서 얻을 수 있는 교훈은, Task팀의 테마선정이 사업환경을 제대로 분석하고, 무엇을 얼마만큼 어떻게 할것인지를 전략적으로 결정해야 한다는 것이다.

6. 차별화 경쟁 전략

Task팀이 해결해야 할 테마^{경영과제}는 반드시 시장에서의 차별화 경쟁 전략을 고려해서 선정해야 한다.

차별화 경쟁 전략이란, 기회와 위협에 대응하기 위하여 치밀하게 사업환경을 분석하고, 경쟁사들이 전혀 상상하지 못하며 감히 따라 할 수도 없는 자사만의 독창적인 Best Skill로 만들어낸 제품과 서비스를 적기적소에서 고객들에게 제공함으로써, 사업환경의 변화에 끌려다니는 것이 아니라 시장을 창조하고 선도하는 것을 의미한다.

또한, 최고의 품질과 성능을 가진 제품과 서비스를 최고의 고객들에게 제공하면서, 훌륭한 판촉활동을 펼치고 전략적인 가격을 제시하여 이익 창출을 극대화하는 것을 의미한다.

차별화 경쟁 전략의 추진 방법

차별화 경쟁 전략은 업무활동 초기 단계에서부터 각 부서가 협업하여 시너지 효과를 극대화할 수 있도록, 전체 최적화 관점에서 추진해야 한다.

예를 들면 상품기획부서는 치밀한 시장 분석으로 고객들의 요구 사항을 찾아냄으로써 제품 출시 초기부터 돌풍적인 고객들의 관심과 반응을 일으켜 폭발적인 판매 확대와 수익 극대화를 만들 수 있는 Sweet Spot Price를 도출한다. 또한, 상품기획부서와 마케팅부서는 협업하여 수익 창출을 극대화할 수 있는 목표 판매 가격과 고객이 제품을 공급받기를 원하는 일정을 파악하여 상호 공유해야 한다.

그리고 연구·개발부서는 공장의 생산성 향상을 고려한 제품 설계와 성능의 향상, 개발 재료비의 절감, 개발 일정의 단축 등을 통하여 적기에 제품을 출시할 수 있도록 생산부서와 협업해야 한다.

구매부서는 제품 개발하는 초기 단계에서부터 미리 참여^{Early} ^{Involve}하여, 핵심 원재료 및 부품들의 전략적인 구매단가를 설정하고 구매원가를 절감하는 활동을 추진해야 한다.

특히 구매부서는 구매원가를 절감하는 활동을 할 때 반드시 원재료나 부품을 공급해주는 협력사들과 상생하는 방식으로 협업해야 한다.

갑의 입지를 이용해서 강압적으로 구매원가를 절감하는 활동을 추진하게 되면, 원재료와 부품을 공급해주는 협력사들의 경영이 악화하고 생산성의 저하로 이어져 좋은 품질의 원새료와 부품을 직기에 공급받지 못하게 되기 때문이다.

생산부서와 품질부서는 제품 생산성 및 품질 경쟁력을 조기에 확보하여 고객이 원하는 최고 품질의 제품을 적기에 출시할 수 있도록 안정적인 생산 체제를 구축해야 한다.

또한, 경영전략팀, 경영혁신팀, 경영관리팀, 경영지원팀, HR팀, 환경관리팀 등 간접 부서들도 전체 최적화 관점에서 차별화 경쟁전략 추진에 함께 협업해야 한다.

각 부서가 공통의 목표를 가지고 경영과제를 해결하기 위하여 협업하는 것을 Cross Functional 활동이라고 한다. 이는 차별화 경쟁전략의 추진에서 가장 핵심적이고 중요한 활동이라고 할 수 있다.

차별화 경쟁 전략의 기준

시장 선도

자사만의 독창적이고 혁신적인 Best Skill과 Supply Chain 구축으로 시장에서 경쟁사들이 도저히 따라올 수 없는 최고의 제품과 서비스를 제공하고, 시장에서 압도적인 지위를 확보하는 것이다.

수익 극대화

시장의 경쟁 구도를 완전히 뒤집어버릴 혁신적이고 차별화된 최고의 제품과 서비스를 고객들에게 제공함으로써, 30% 이상의 대박 경영이익을 확보하는 것이다.

선택과 집중

경쟁사가 쉽게 모방할 수 없는 최고의 제품과 서비스를 만들기 위하여, 업무 초기 단계에서부터 각 부서가 협업하고 역량을 집중함으로써 시너지 효과를 극대화하는 것이다.

7. 테마 선정의 중요성

테마^{경영과제}의 수가 많다고 하여서 반드시 경영성과에 이바지한다고 볼 수는 없다. 경영성과를 제대로 확보할 수 있는 단 한 개의 테마가 더 중요하다.

별로 중요하지 않은 경영이슈를 과대 포장하여 테마로 선정하고 그것을 해결하기 위하여 경영자원을 투입하는 낭비가 발생하지 않도록 해야 한다. 테마 선정의 배경이 불확실한데도 경영층의 강력한 지시로 인하여 논리적 타당성을 억지로 끼워 맞추어서 테마를 선정해서도 안 된다.

또한, 사업환경의 변화를 극복하기보다는 현재의 여건에 맞추어 달성 가능한 경영이슈를 중심으로 형식적인 테마 선정을 해서도 안 된다.

이렇게 잘못된 방식으로 테마를 선정하게 되면 테마 선정의 당위성을 구체화하지 못하고 수개월 동안 Task팀의 활동 방향을 수립하는 데 시간을 낭비하게 되거나, 고객의 요구사항을 전혀 반영하지 못하는 보고서 작성만 열심히 하게 된다.

더 심각한 문제는 Task 팀원들이 활동 기간 내내 테마의 해결 방향에 충분히 공감하지 못하여 우왕좌왕하고, 업무추진력이 저하되는 것이다.

그래서 Task팀이 해결해야 할 테마는 반드시 회사의 경영성과를 극대화할 수 있는 것으로 선정해야 한다.

Part 2

목표 설정

할 수 있다는 마음가짐은 불가능을 가능하게 한다!

1. 목표에 대한 사고

목표를 설정하는 수준에 따라서 일하는 방식과 성과 창출의 결과가 달라진다.

인간의 능력은 무한하지만, 생각의 한계가 있을 뿐이다.

그래서 설비의 능력은 한계가 없지만, 설비의 능력에 대한 한계를 결정하는 것은 인간이라는 이야기가 있다.

목표를 설정할 때는 미리 그 한계를 정해놓고 불가능하다는 생각을 해서는 안 된다.

특히 Task팀은 Best Skill을 창출하여 시장을 선도하고 회사의 경영이익을 극대화하는 경영과제를 해결해야 하므로, 시장에서 최고의 경쟁 우위를 확보할 수 있는 도전적인 목표$^{Stretch\ Goal}$를 설정해야 한다.

왜냐하면, Best Skill의 창출은 도전적인 목표를 달성하는 과정에서 나오기 때문이다.

2. KPI^{Key Performance Index}

KPI^{Key Performance Index}는 회사의 경영목표나 비즈니스 활동 결과를 정량적 또는 정성적으로 측정하는 핵심 성과지표를 의미한다.

KPI는 고객의 요구사항을 반영한 사업 목표로부터 도출되어야 하고, 임직원들 모두가 쉽게 이해할 수 있어야 하며, 관련한 Data 의 수집이 쉽고 주기적으로 측정할 수 있어야 한다.

그리고 문제의 원인을 개선한 활동과 인과관계가 있어야 한다.

Main KPI와 Sub KPI

Main KPI	과제	Sub KPI	현재 수준	목표 수준	차이
Total 수율 74%→95%	TFT 수율 향상	TFT수율	89%	99%	10%
	CF 수율 향상	CF수율	90%	99%	9%
	Module 수율 향상	Module수율	92%	97%	5%

Main KPI	Sub KPI		목표
제조원가 $34.4(32%)저감 ($106.8→$72.4)	Capa.	115.3K→135.7K	$3.9 절감
	수율	94.6%→95.3%	$0.5 절감
	Net 재료비	$76.7→$53.1	$23.6 절감
	공정Cost	771억원	$5.0 절감
	경비	20% 절감	$1.4 절감

KPI 항목 도출

테마명 : 생산 현장 OJT 프로그램 만들기

● 목적(Purpose)
계·반장들이 공동학습을 통하여
필요 기술을 쉽게 익힐 수
있도록 함.

● 방법(How)
필요 기술의 내용과 수준을
제시하고 OJT실행을 위한
각종 학습 방법 개발과 지원
체제를 구축함.

● 수준(How much)
생산 현장 감독자 및 엔지니어가
동시에 만족할 수 있는 현업 부서
중심의 OJT System을 개발함.

Output 정의

기술력 향상

문제 해결 시간
기술 습득 건수

KPI 항목

기술력 향상

문제 해결 시간
기술 습득 건수

KPI 목표치 설정

KPI 항목	현수준	비교 수준	목표
기술력 향상 ○ 문제 해결 시간 ○ 기술 습득 건수	30일/건 3건/년	1주일/건 10건/년	3일/건 20건/년

KPI 성과 측정

측정 대상 선정	측정 방법	달성 방법
○ 문제 해결 소요 시간 ○ 소요 인력 ○ 전파 기술 등록 건수	○ 문제 해결 결과 보고서 조사 ○ 기술 등록 Pool 조사	○ 필요 기술 평가 방법 ○ OJT 학습방법 ○ OJT 지원체제

3. 목표 설정의 의미와 고려 요소

목표 설정이란 경영성과를 창출한 결과의 모습을 미리 이미지로 그려보는 것을 의미한다. 이는 현재 수준과 바라는 수준과의 차이를 확인하고 개선하기 위한 업무의 기준이 된다.

또한, 경영과제 해결 활동에 참여하는 임직원들의 관심을 유도하고 역량을 집중하기 위한 지향점이 되기도 한다.

목표를 설정할 때 중요하게 고려해야 할 요소로는 도전성, 구체성, 공유가 있다.

도전성

첫째, 자사가 개선한 수준보다 경쟁사가 더 높은 수준으로 개선했다면 자사가 개선한 것은 개악한 것이며, 외부적으로 노출된 경쟁사의 경영지표는 현실성이 없으므로 자사의 목표 설정 기준이 되어서는 안 된다.

둘째, 목표는 달성 가능한 성과들을 모아서 설정하는 것이 아니다. 경쟁사보다 우위의 실력을 갖추고 경영이익을 창출할 수 있는 수준 이상으로 목표를 설정해야 한다.

셋째, 한계를 돌파하겠다는 의지로 최악의 사업환경을 반드시 극복하겠다는 수준으로 목표를 설정해야 한다.

결론적으로 목표는 회사의 성장과 발전, 경쟁에서 이기고 생존하기 위한 것이기 때문에 절대로 대충 적당히 설정하는 협상의 대상이 되어서는 안 된다.

도전적인 목표 설정

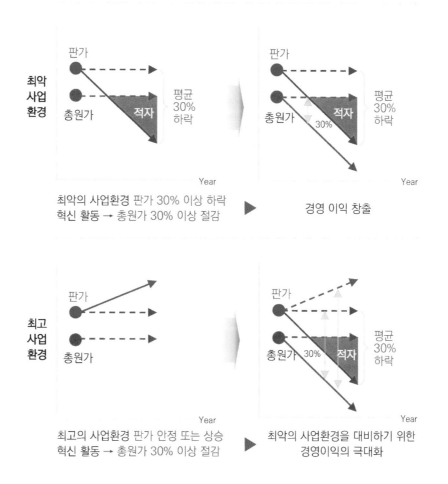

판가가 30% 이상 하락하는 최악의 사업환경에서도 경영이익을 창출하기 위하여 총원가를 30% 이상 절감한다는 목표를 설정해야 한다.

또한, 판가가 안정되거나 상승하는 최고의 사업환경에서도 최악의 사업환경에 대비하고 경영이익을 극대화하기 위하여 총원가를 30% 이상 절감한다는 목표를 설정해야 한다.

결국, 사업환경이 좋아지든 악화하든 경영이익을 창출할 수 있는 수준으로 목표를 설정해야 한다.

구체성

GE의 회장이었던 잭 웰치는 "목표를 명확하게 하지 않으면 임직원들이 업무활동에 대한 이성적인 판단과 선택을 못 할 뿐만 아니라 자신들이 하는 일이 가진 진정한 의미를 알 수 없다."라고 했다.

이것은 임직원들이 목표를 분명하게 인식하고 목표를 달성하기 위한 노력을 집중할 수 있으려면 정량적 목표 KPI 또는 정성적 목표 KPI가 구체적으로 정의되어 있어야 함을 의미한다.

*정량적 목표 KPI 항목
매출액, 경상이익, 판가, 판매량, 시장점유율, 생산량, Capa., 수율, 제조 원가, 인당 생산량 등 수치로 측정되어 표시될 수 있는 지표

*정성적 목표 KPI 항목
기업 브랜드 이미지, 사업영역, 사업 콘셉트, 비즈니스 모델링, 구조조정, 워크아웃, 완전 분사화, 스톡옵션, 코칭, SCM, 지식 관리(KM), 교육시스템 구축 등 수치로 측정될 수 없으나 성과의 실체가 존재하는 지표

생산 목표 KPI 구체화

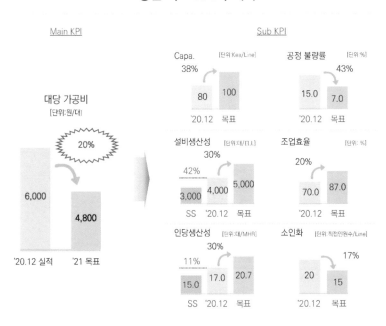

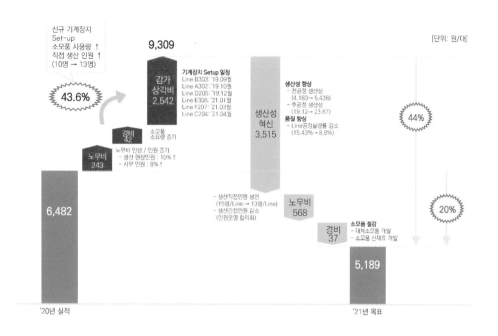

생산 가공비 V-Chart

공유

칭기즈칸은 "한 사람이 꾸는 꿈은 꿈에 지나지 않지만, 만인이 함께 꾸는 꿈은 반드시 현실이 된다."라고 말했다.

현재 처한 사업환경보다 더 중요한 것은 회사가 어떤 방향을 지향하며 나아가고 있는가에 대하여 임직원 모두가 알 수 있도록 하는 것이다.

그래서 경영전략이 최우선으로 해야 할 일은 회사가 추구하는 목표를 명확하게 알 수 있도록 임직원들에게 공유하는 것이다.

아무리 최악의 사업환경에 처했더라도 목표가 분명하게 임직원들에게 공유되어 있다면, 중복되는 일의 절차 또는 서로 상충하는 일이 발생하지 않고 회사의 역량을 목표를 향해 한 방향으로 집중할 수 있게 된다.

그리고 임직원들이 각자의 위치에서 수행해야 할 일을 스스로 알아서 수행할 수 있도록 동기를 부여할 수 있다.

목표를 제대로 공유하기 위해서는 목표를 전달하는 메시지가 간결해야 한다.

경영혁신을 선도하는 대부분의 회사는 임직원들의 머릿속에 목표가 분명하게 새겨질 수 있도록 슬로건을 만들어서 끊임없이 공유한다.

임직원들에게 목표를 공유하기 전에 미리 검토해야 할 사항은 첫째, 설정한 목표가 달성되면 고객이 요구하는 수준을 충분히 만족하게 할 수 있는가, 경쟁사의 수준을 능가할 수 있는 구체적인 실행계획을 수립했는가, 임직원들이 도전해보고 싶은 의욕을 자극할 만큼 관심을 끌 수 있는 것인가이다.

둘째, 목표 설정 수준에 대한 당위성과 필요성에 대하여 Top^{CEO}$^{또는 경영층}$을 비롯한 임직원들 모두가 이해하고 합의를 하였는가이다.

설정된 목표에 대하여 Top과 임직원들이 수용하지 않는다면 그 목표는 제대로 인정을 받지 못하게 될 것이다.

또한, Top이 목표 설정 수준을 수용하더라도 실무를 하는 임직원들이 그 목표를 제대로 이해하지 못한다면 목표를 달성하고자 하는 동기가 부여되지 못한다.

그래서 시장에서의 경쟁 우위 확보와 경영이익을 창출해야만 하는 목표 설정 수준에 대한 당위성을 Top과 전체 임직원들이 함께 인식하고, 목표에 대한 컨센서스^{Consensus}를 하는 것이 매우 중요하다.

셋째, 목표를 달성하기 위한 개선활동 과정에서, 조직과 업무의 변화를 미리 예측하고 대응할 준비가 되어 있는가이다.

조직이나 업무의 변화가 생기면 조직을 개편하거나 업무를 새롭게 신설하거나 조정하면 된다고 단순하게 생각할 수 있지만, 그 변화의 내부를 살펴보면 엄청난 갈등을 유발할 요인이 있다.

예를 들어 새로운 부서의 신설 또는 새로운 업무의 생성 등은 긍정적인 측면도 있겠지만, 기존 부서 또는 업무가 필요 없어지는 상황이 발생하면, 그런 상황에 영향을 받는 임직원들은 상당한 불안을 느끼고 저항을 하게 된다.

그래서 예상되는 조직과 업무의 변화에 대하여 목표를 설정하는 단계에서부터 미리 검토하고 대응책을 준비해야 한다.

왜냐하면, 임직원들이 변화에 대해 저항하게 되면 목표를 달성하기 위한 개선활동에 엄청난 장애가 발생하기 때문이다

넷째, 목표 설정 수준은 구체적이고 명확해야 하며, 개략적이고 포괄적으로 표현해서는 안 된다.

예를 들면 성과를 수치로 측정하여 표현할 수 있도록 목표 수준을 정량화함으로써, 임직원들이 같은 눈높이로 목표를 이해하고 의사소통할 수 있게 해야 한다는 것이다.

4. 도전적인 목표와 Best Practice

비록 목표를 달성했더라도 Best Practice가 없다면 도전목표$^{Stretch\ Goal}$을 설정하지 않았다는 것이다.

도전목표를 설정하고 개선활동을 하는 이유는 당년과 차년도의 경영성과 달성을 위한 Best Practice를 확보하기 위한 것이다.

사실, 도전목표 설정을 하였는지를 판단하기가 쉽지는 않다.

왜냐하면, 달성 가능한 목표를 설정하고도 도전목표를 설정하였다고 주장하는 예가 있기 때문이다.

그러나 아무리 목표를 전년 대비 100% 이상으로 설정하였더라도 그것이 기존 일하던 방식으로 달성할 수 있는 정도였다면, 그것은 도전목표가 될 수가 없다.

도전목표는 기존 일하던 방식으로는 도저히 달성할 수 없으며, 완전히 새로운 혁신적인 방식으로 일해야만 달성할 수 있는 목표라고 할 수 있다.

진심으로 도전목표를 설정하고 그것을 달성하였다면, 반드시 Best Practice가 확보되었다는 것을 의미한다.

그래서 향후 성과에 대한 평가 시 목표 달성을 위하여 수행했던 Best Practice의 확보 여부를 확인해보면, 도전목표를 설정하였는지를 알아볼 수 있다.

반드시 명심해야 할 것은, 목표는 시장에서 경쟁 우위를 확보하고 경영이익을 창출하기 위하여 설정하는 것이기 때문에, 대충해서도, 적당한 수준에서 설정해서도, 대충 타협을 해서도 안 된다는 점이다.

5. 혁신적인 조직문화

도전적인 목표를 설정하고 회사의 성장과 발전을 위한 Best Practice를 확보하려면, 임직원들이 창의적인 아이디어를 도출하고 새로운 일에 도전할 수 있는 혁신적인 조직문화를 만들어야 한다.

혁신적인 조직문화를 만들기 위해서는 Top$^{\text{CEO 또는 경영층}}$을 비롯한 모든 리더가 경청과 배려하는 자세로 임직원들을 적극적으로 지원하고, 동기를 부여하는 역할을 충실하게 해야 한다.

또한, 임직원들이 더 높은 목표를 설정하고 새로운 일에 도전하여 경영성과를 창출한 Best Practice를 회사 전체에 공유하고, 성과에 대하여 공정하게 평가하고 포상하는 제도를 운영해야 한다.

한편, 임직원들이 최선을 다해 새로운 일에 도전했는데도 불구하고 경영성과 창출에 실패했을 때 단지 문책만 한다면, 임직원들은 다시는 새로운 일에 도전하는 모험을 하지 않게 된다는 것도 알아야 한다.

성공적으로 경영성과를 창출한 것에 대해서는 확실히 포상하고, 실패한 것에 대해서는 다시 도전할 수 있도록 임직원들에게 동기를 부여하고 격려해 주어야 한다. 이러한 혁신적인 조직문화를 만들기 위해 Top$^{CEO \ 또는 \ 경영층}$과 모든 리더가 솔선수범해야 한다.

Part 3

현상 분석

분석을 치밀하게 하고, 준비를 철저히 하자!

1. 현상 분석이란?

현상 분석이란 문제의 구조 파악을 통하여 핵심 이슈를 도출하고, 핵심 이슈별로 '아마도 이러한 문제가 있을 것이다.'라고 추론하는 가설을 설정한 뒤 이에 대한 분석 계획을 수립하며, 현장과 현물의 사실 Data를 수집 및 분석함으로써 추론했던 가설이 진짜 문제인가를 알아내고, 그러한 문제를 일으킨 근본 원인을 도출하는 과정이다.

현장과 현물의 사실 Data를 현상 분석한 내용은 문제의 근본 원인을 알아내고 해결안을 도출하는 과정에서 중요한 아이디어의 착안점이 될 수 있다.

현상 분석의 절차

첫째, 해결해야 할 테마^{경영과제}가 가진 이슈를 도출하기 위해 문제의 구조를 파악한다.

문제의 구조를 파악하기 위하여 대표적으로 사용하는 기법은 Logic Tree, Process Mapping, Matrix이며, 특히 가장 많이 사용하는 기법은 Logic Tree이다.

둘째, 도출된 이슈별로 '아마도 이러한 문제가 있을 것이다.'라고 추론하는 가설을 설정한다. 추론한 가설이 진짜 문제가 맞는지 확인하기 위해 가설검증 계획서를 작성하고, 현장과 현물의 사실 Data를 조사하고 분석한다.

가설검증 계획서의 작성 내용은 분석해야 할 대상과 일정 계획, 분석 업무별 담당자로 구성된다.

셋째, 가설검증 계획서에 따라서, 핵심 이슈별로 추론한 가설의 진위를 확인할 현장과 현물의 사실 Data를 수집 및 분석하여 진짜 문제를 찾아 내고 Data 가공 보고서를 작성한다.

현장과 현물의 사실 Data의 수집은 관찰, 체험, 시험, 설문조사, 인터뷰, 문헌조사 방법 등을 사용하며, Data 분석에는 주로 그래프 분석, Blank Chart 등을 사용한다.

넷째, 문제의 근본 원인을 도출한다.

문제의 근본 원인을 도출하기 위하여 사용하는 대표적인 기법은 5 Why, 특성 요인도, Logic Tree 등이 있다.

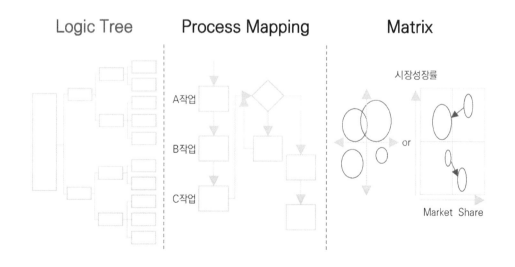

2. 문제의 구조 파악

문제의 구조 파악이란 테마^{경영과제}가 가진 문제들이 어떤 형태를 취하고 있는지 알아내기 위하여 가장 먼저 확인해야 할 필요성이 있는 대상, 또는 개선해야 할 대상의 영역인 이슈를 찾아내는 것을 의미한다.

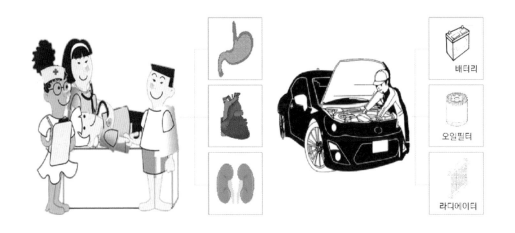

예를 들어 이슈를 찾아낸다는 것은 병원에서 의사가 배탈이 난 환자를 진찰할 때 환자가 아파하는 증상에 따라 청진기를 대어보는 위장, 대장, 간 등의 영역을 찾아낸다는 것을 의미한다. 또는 자동차 정비공이 고장 난 자동차를 수리할 때 증상에 따라 점검하는 배터리, 라디에이터, 오일필터 등의 영역을 찾아낸다는 것을 의미한다.

3. Zero Base 사고

Zero Base 사고는 '고정관념을 버리고, 여러 가지 가능성에 대하여 무엇이 있는가를 살펴보자!'라는 것으로, 기존 사고의 틀을 과감하게 벗어나서 현재의 상태를 개선할 방법에 대하여 다양한 아이디어를 도출하는 적극적인 사고를 의미한다.

Zero Base 사고에 방해가 되는 것은 기존 관념이다.

그중에서도 가장 방해가 되는 것은 바로 자기 자신이다.

현상에 대한 부정적인 사고에 사로잡혀서 사고를 확장하지 못하고 자기 자신을 좁은 틀에 가두어서는 안 된다.

이것을 피하는 방법은 과거에 하던 관습이나 습관을 없애버리는 것이다.

그러기 위해서는 기존에 하던 업무 내용, 업무 방법, 업무 기준 등 모든 것을 Zero Base에서 재검토하여 기존 관념을 없애고, 현상을 파악하려는 노력을 끊임없이 해야 한다.

4. Framework 사고

Framework는 비합리적으로 추론되는 현상 그대로가 가지고 있는 정보들을 세분화하여 객관적으로 분류하는 것이다. 3C, 4P, 4M과 같은 Frame을 통해 현상을 분석함으로써 필요한 정보를 누락하거나 중복되지 않도록 체계적으로 정리하는 것을 Framework 사고라고 한다.

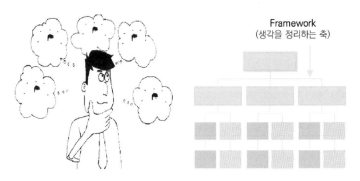

Framework
(생각을 정리하는 축)

3C & FAW(Customer, Competitor, Company, Force At Work)
4P(Product, Price, Promotion, Place)
4M(Man, Machine, Material, Method)

MECE^{Mutually Exdusive and Collectively Exhaustive}

대표적인 Framework 사고로는 MECE에 의하여 정보를 정리하고 분류하는 것이 있다.

MECE란 정보들이 서로 중복되지 않고 상호 배타적이면서, 동시에 각 부분 정보의 합은 전체 정보가 될 수 있는 요소들의 집합이다.

정보를 MECE에 근거하여 정리하고 분류하면 누락되는 정보가 발생하지 않으며, 비슷한 업무를 중복해서 수행하는 일이 없어져 효율성을 극대화할 수 있다.

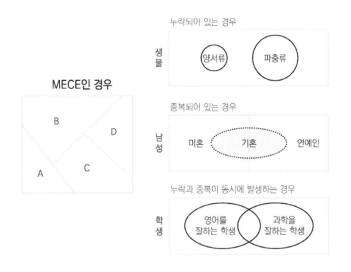

Logic Tree

Logic Tree는 문제와 관련된 이슈를 MECE의 사고방식에 따라서 상위 개념부터 하위 개념까지 논리적으로 세분화하여 정리하는 기법이다.

다시 말하면 Logic Tree의 Logic은 논리를 의미하며, Tree는 나뭇가지가 있는 나무라는 뜻으로, 이는 MECE적인 사고방식을 바탕으로 정보를 나무 모양으로 논리적으로 세분화하여 정리하는 기법을 의미한다.

또한, Logic Tree는 논리적인 사고를 촉진하고 폭넓은 아이디어 발상을 할 수 있는 기법이라고 할 수 있다. 문제의 구조 파악, 문제의 해결안 도출 등 창의적 문제 해결의 전체 프로세스에 걸쳐서 활용되는 대표적인 기법이라고 할 수 있다.

한쪽 면만 보지 말고 다면적으로 보자!

5. 가설 지향적 사고

가설 지향적 사고는 테마^{경영과제}의 구조를 이루고 있는 이슈들을 파악하고 각 이슈에 대하여 '아마도 이러한 문제가 있을 것이다.'라고 추론하는 가설을 설정하고, 현장과 현물의 사실 Data의 수집과 분석을 통하여 초기 설정한 가설을 수정 보완하는 과정을 통하여 사실을 검증하는 사고를 의미한다.

가설 지향적 사고는 나타나는 현상에 대하여 바로 추론하여 결론을 낸 후에 추론한 내용을 사실에 가깝도록 수정하고 보완하는 자세와 직관을 중요시한다.

또한, 추론 과정에서 감이 잘 잡히지 않으면 넓은 범위에서 점차 폭을 좁혀 나가면서 추론을 더욱더 구체화하는 사고를 의미하기도 한다.

이렇게 최대한 구체적으로 가설을 설정한 뒤 현장과 현물의 사실

Data를 수집 및 분석함으로써 그것이 진짜 문제인가 아닌가를 확인하고 판단하는 과정이 가설 지향적 사고의 핵심이라고 할 수 있다.

가설 지향적 사고의 장점은 현상 분석을 통해 진짜 문제를 찾아내는 과정에서 불필요한 Data를 수집하고 분석하는 일의 낭비를 제거할 수 있고, 투입되는 자원과 시간의 낭비를 최소화할 수 있다는 것이다.

악마의 사이클

이슈별로 추론한 가설이 진짜 문제인가 아닌가를 확인하기 위하여 가설과 관련된 현장과 현물의 사실 Data를 중심으로 수집 및 분석하는 과정을 무시하고, 무계획적으로 최대한 많은 Data만 수집하여 분석하고자 하면 악마의 사이클처럼 진짜 문제를 제대로 찾지도 못하고 시행착오만 반복하게 된다.

현상 분석 과정에서 가장 주의해야 할 것이 바로 악마의 사이클에 빠지지 않는 것이다.

가설 지향적 사고를 하는 방법

가설의 설정은 가설을 추출하는 센스^{Sense}, 실제 경험, 지식과 정보수집 능력에 의해 좌우된다.

평소에 지식과 정보를 축적하는 노력을 열심히 하면 구체적인 가설을 설정하거나 깊이 있는 분석을 하는 데 많은 도움이 된다.

센스는 현상을 보고 So What을 항상 생각하고, Why에 대한 질문을 반복하는 의도적인 연습을 통하여 생긴다.

실제 경험은 현장에서 직접 실무를 통하여 만들어지는 것이다.

이를 바탕으로 가장 현실적인 가설을 설정할 수 있다.

그러나 현장에서의 실무 경험은 과거의 근무 환경 속에서 배운 것이다. 때문에 굳어진 경험이 새로운 아이디어의 발상을 오히려 방해하지 않도록 주의해야 한다.

지식과 정보수집 능력은, 아는 것이 있어야 현상을 보는 눈이 밝아진다는 측면에서, 부지런히 지식과 정보를 배우고 습득하며, 특정한 이슈를 해석하는 아이디어 착안점을 축적함으로써 생긴다.

6. Fact 지향적 사고

Fact 지향적 사고란 단순한 느낌이나 감, 선입견과 편견, 상식과 과거의 경험을 완전히 버리고, 객관적으로 현장과 현물의 사실 Data를 근거로 현상을 분석하고 판단하는 사고를 의미한다.

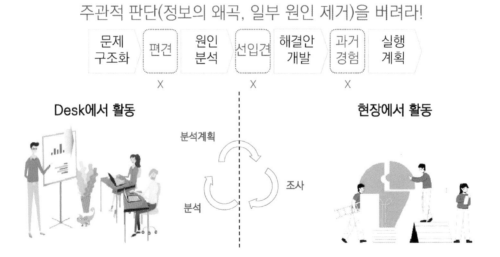

객관적인 현장과 현물의 사실 Data를 근거로 분석할 때는 비논

리적이고 막연한 추론을 하지 않아야 하며, 현장과 현물의 사실을 직시하고 정성적인 현상에 대해서도 최대한 정량화된 수치로 표현하여 분석하며 의사를 결정하도록 노력해야 한다.

7. Output 지향적 사고

Output 지향적 사고란 테마^{경영과제}를 해결해야 할 기한과 창출되는 성과 이미지를 미리 명확하게 그리고 문제 해결 활동을 진행함으로써, 초기 활동 단계에서부터 전체 업무 중의 80% 이상을 완성하는 결과를 가져올 것이라는 사고를 의미한다.

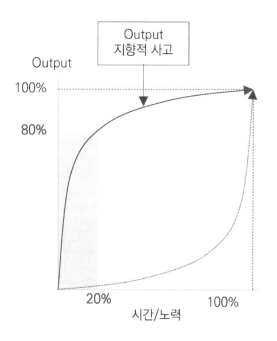

성과의 모습이 어떠한 형태를 가지리라는 것을 미리 명확하게 설정한 후 현장과 현물의 사실 Data를 수집 및 분석하게 되면 불필요

한 Data를 수집하여 분석하는 업무의 낭비를 제거할 수 있다. 따라서 시간과 노력을 적게 투입하게 되고, 빠른 시간 내 성과를 창출할 수 있다.

Output 지향적 사고는 사전에 완성할 그림판의 이미지를 정해놓고 그 이미지를 구성하고 있는 조각들을 맞추어 그림판을 완성하는 퍼즐 놀이와 비슷하다고 생각하면 된다.

8. 가설 설정과 진짜 문제

테마^{경영과제}가 가지고 있는 진짜 문제를 찾아내기 위해서는 현장과 현물의 사실 Data를 수집 및 분석함으로써 추론한 가설이 실제 문제가 맞는지를 확인하는 과정을 진행해야 한다.

사실 여부의 확인도 없이 추론한 가설이 진짜 문제라고 인식한 채 그 해결안을 찾는 과정을 진행하게 되면 문제의 근본 원인을 제대로 찾지 못하며, 올바른 문제의 해결안을 도출하기 어려워진다.

즉 문제라고 심증은 가지만 진짜
문제인지는 확인 안된 것.

가설

가설

가설이란 테마^{경영과제}와 관련된 이슈들이 어떠한 형태와 이론 체계를 가지고 있는가를 알기 위하여 잠정적으로 추론하여 설정한 가정을 의미한다.

다시 말하면 가설은 '각 이슈는 아마도 이러한 문제를 가지고 있을 거야.'라고 추론한 것이며, 진짜 문제로 증명하여 확인된 것이 아니라 단순히 문제를 구체적으로 추측한 것이라고 할 수 있다.

그래서 가설은 문제라고 심증은 가지만, 진짜 문제가 맞는지를 반드시 확인해 보아야 할 대상이다.

가설을 설정하는 방법

첫째, 지식이나 경험을 최대한 활용한다.

주의해야 할 것은 지식이나 경험이 부족할수록 무의미한 가설들을 설정하게 된다는 것이다.

그리고 설정한 가설들의 적중률을 높이기 위해서는 양적인 정보보다는 질적인 정보가 더 중요하다는 것을 인식해야 한다.

둘째, 가설은 언제든지 수정하여 보완할 수 있으므로 망설이지 말고 과감하게 설정한다.

가설을 설정하지 않고 문제 해결을 하고자 하면 불필요한 Data를 수집하는 것에 많은 시간을 낭비하게 된다.

만약 지식과 경험이 부족한 경우는 전문가의 도움을 받아서 가설을 설정하는 것도 좋은 방법이 될 수 있다.

셋째, 가설은 치밀성과 논리성이 함축된 과학이다.

'아마도~~ 이러한 것들이 문제일 것이다.'라고 막연하고 단순하게 추론한 후 그것이 진짜 문제라고 바로 인식해 버리는 것은 매우 위험하다. 적어도 인과관계를 증명할 수 있는 논리적인 근거가 필요하다.

넷째, 가설은 단순하게 지식과 경험만을 바탕으로 설정하는 것이 아니다. 시행착오를 통해서 가설을 설정하는 능력이 향상될 수도 있다.

가설 설정의 조건

가설은 현장과 현물의 사실 Data 수집 및 분석을 통하여 검증할 수 있어야 하며, 내용이 간단명료해서 누구든지 쉽게 이해할 수 있어야 한다.

또한, 논리가 간결하고 최대한 수치화되어 있으며, Yes 또는 No로 분명하게 답할 수 있는 내용이어야 한다.

이슈와 가설 Logic Tree

(이슈별 형태를 구체적으로 기술한 것)

가설의 기각과 채택

현장과 현물의 사실 Data와 설정된 가설이 일치하면 가설을 진짜 문제로 채택하고, 불일치하면 기각한다.

그러나 가설을 검증하는 과정에서 문제라고 추론했던 가설과 전혀 다른 새로운 문제를 발견하는 상황이 발생할 수도 있다.

예를 들면 경찰이 신고를 받고 출동하여 뺑소니차를 추적해보니, 엉뚱하게도 차주가 뺑소니범은 아니었으나 지난 몇 년간이나 체포하지 못했던 절도범으로 밝혀지는 경우이다.

9. 가설 검증

가설 검증이란 각 이슈에 대하여 문제일 것이라고 추론한 가설이 진짜 문제인가를 확인하기 위하여, 가설검증 계획서에 따라 현장과 현물의 사실 Data를 수집 및 분석하고 결과 내용을 Data 가공 보고서로 작성하는 과정이다.

가설검증 계획서

가설검증 계획서는 추론한 가설이 진짜 문제인가를 알아내기 위하여 현장과 현물의 사실 Data 수집 및 분석을 하는 계획서이다.

가설검증 계획서에는 이슈별로 추론한 가설에서 검증할 분석 내용, 자원 투입을 최소화하면서 현장과 현물의 사실 Data를 효율적으로 수집할 방법, 가설을 분석할 업무 담당자와 분석일정을 기록한다.

가설검증 계획서

이슈		가설	분석내용	수집방법	담당	일정
기술학습 부족	제조기술교육 기회	제조기술교육 과정 부족	기술교육 체계	자료조사	허철수 과장	~3/4
	조립 노하우의 학습	직무 순환이 미흡	자료 흐름	사례조사	손영삼 대리	~5/1
	생산기술정보 입수	정보 입수 경로 불확실	자료 흐름	사례조사	오승수 차장	~7/1
기술활용 부족	실무 적용	보유 기술의 사용 기회 부족	자료의 활용도	자료조사	이성근 사원	~8/1
	생산기술자료 활용도	계층별 요구사항이 미반영	자료의 가공도			

Data 가공 보고서

Data 가공 보고서는 가설검증 계획서에 따라 가설별로 현장과 현물의 사실 Data를 수집 및 분석한 내용을 정리한 보고서이다.

Data 가공 보고서에는 가설이 진짜 문제인가 아닌가를 검증한 내용과 함께, 진짜 문제로 밝혀진 가설은 구체적으로 문제를 정의하고 그 근본 원인에 대해서 사실대로 상세하게 작성한다.

또한, 문제의 근본 원인을 확인하는 과정에서 해결안이 도출된 것이 있다면 함께 작성한다.

10. Data 가공 보고서의 작성 절차

1단계: Blank Chart의 작성

Blank Chart는 가설검증 계획서에 따라서 현장과 현물의 사실 Data 수집 및 분석을 본격적으로 진행하기 이전에, Data 가공 보고서를 어떤 내용으로 어떻게 구성하여 작성할 것인지에 관하여 미리 보고서의 이미지를 스케치한 것이라고 할 수 있다.

다시 말하면 Data 가공 보고서의 Output Image를 미리 그려놓고 보고서의 내용을 하나씩 채워가면서 작성하는 방법이다.

Blank Chart 작성을 통하여 Data 가공 보고서가 어떠한 모습을 갖추어야 하는지를 미리 기획하면, 전체 업무의 진행 방향이 명확해지고 업무에 대한 이해력이 높아져 효율성을 극대화할 수 있다.

업무를 기획적으로 잘하기 위해서는 업무의 방향성을 미리 잘 기획해야 하며, 이를 위해 먼저 Blank Chart를 작성하고 업무를 진행하는 것이 좋다.

Blank Chart의 보고서 상단에는 문제일 것으로 추정한 가설의 내용을 기록하고, 그 아래는 현장과 현물의 사실 Data를 수집 및 분석한 내용을 표현하는 그래프 또는 차트 모양을 개략적으로 스케치한다.

특히 가설 검증에 대한 신뢰를 높이기 위하여 현장과 현물 사실 Data의 출처인 자료원을 표시해 주어야 한다.

가설별 Blank Chart의 작성

직무 순환　　　　상단 메시지 = 가설의 내용　　　분석 항목

현장감독자들은 생산과 관련된 기술의 Skill을 학습하기 위하여 3~5년 주기로 직무순환이 필요하다고 대부분 생각하고 있음.

직무순환 필요성

필요 없음
00%

어느 정도
필요
00%

필요
00%

00%

00%

00%

00%

3년 이하　3~5년　5~7년　7년 이상

사실Data
수집/분석
결과 표현

자료원 : 현장 감독자 설문조사　◀　Data의 출처

2단계: 작성된 Blank Chart의 취합

가설별 Blank Chart를 작성하면 전체 Blank Chart를 취합하여 향후 작성될 Data 가공 보고서의 전체 구성이 논리적이고 일관성이 있는지, 가설별 Blank Chart에서 개별로 작성하기보다 내용을 통합하여 더 좋은 보고서로 작성할 수 있는 부분은 없는지, 향후 가설을 검증한 결과 내용을 표현할 그래프나 차트 이미지가 올바른지 등을 점검한다.

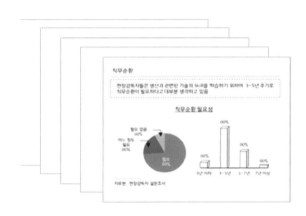

3단계: 취합된 Blank Chart의 순서 배열

Data 가공 보고서의 전체적인 구성이 논리적이고 일관성 있게 전개될 수 있도록, 가설별 Blank Chart를 거시적인 것에서부터 미시적인 것의 순서로 배열한다.

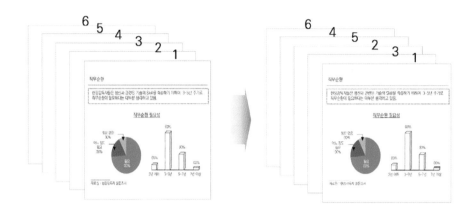

4단계: 최종 Data 가공 보고서의 작성

Blank Chart 작성이 완료되면, 가설검증 계획서에 따라 현장과 현물의 사실 Data를 수집하고 분석한다.

Data를 분석한 결과를 바탕으로, Blank Chart 상단에 기록한 가설이 진짜 문제로 밝혀졌다면 문제의 내용으로 수정 및 보완하고, 진짜 문제가 아닌 것으로 밝혀졌다면 문제가 아니었다고 수정한 후 그래프와 차트 등에 실제 Data의 내용으로 채워나감으로써 최종 Data 가공 보고서 작성을 완료한다.

특히 최초 Blank Chart에 미리 스케치한 그래프나 차트가 실제 Data를 표현하는 데 미흡하다면, 더 잘 표현할 수 있는 그래프나 차트로 수정한다.

이렇게 작성한 최종 Data 가공 보고서를 가설검증 결과 보고서라고 한다.

Data 가공 보고서는 매우 신뢰성 있게 작성해야 하며, 절대로 형식적이거나 과장된 표현을 넣어서는 안 된다.

최종 Data 가공 보고서

직무 순환

현장 감독자들 중의 70% 정도가 생산과 관련된 기술의 Skill을 학습하기 위하
여 3~5년 주기로 직무 순환이 필요하다는 설문조사의 결과가 나옴.

직무 순환 필요성

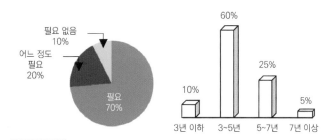

자료원 : 현장 감독자 설문조사

11. Data 수집과 분석

이슈별 가설을 검증하고 Data 가공 보고서를 제대로 작성하기
위하여 현장과 현물의 사실 Data를 수집할 때 지켜야 할 원칙과 분
석 방법을 알아볼 필요가 있다.

Data 수집의 원칙

첫째, Data를 수집하는 목적을 분명히 해야 한다.

둘째, Data의 수집 분량과 질적 수준을 명확히 해야 한다.

셋째, Data를 수집할 출처를 정리해야 한다.

넷째, 생생한 Data를 적기에 수집하기 위한 일정 계획을 수립해
야 한다.

다섯째, Data를 수집하는 방법을 결정해야 한다.

여섯째, 수집한 Data는 분류 기준을 설정하여 정리 및 보관해야

한다.

분석의 기초가 되는 Data를 질서 정연하게 잘 관리하면, 향후 결과 보고서를 작성하거나 이슈와 관련된 내용을 설명할 때 사실을 논리적으로 확인할 수 있다.

특히 주의해야 할 점은, 선입견을 배제하고 철저히 가설검증 계획서에 따라 현장과 현물의 사실 Data를 수집해야 한다는 것이다. 이슈의 성격에 따라 정성적인 Data를 수집할 수밖에 없는 예도 있겠지만, 최대한 정량적인 Data를 수집할 수 있도록 노력해야 한다.

왜냐하면, 정량적인 Data는 객관적이고 사실적인 내용을 구체적으로 증명하는 중요한 근거가 될 수 있기 때문이다.

Data 수집의 원칙

무엇을 알고 싶은가?	얼마나 수집을 할 것인가?	어디에서 수집할 것인가?	언제 수집을 할 것인가?	어떤 방법으로 수집할 것인가?	정리는 어떻게 할 것인가?

Data 분석

Data 분석이란 사물이 가지고 있는 의미를 쉽게 이해할 수 있도록 그래프나 차트로 가공하여 나타내는 것을 의미한다. 이는 가설검증이라고도 한다.

대표적인 Data 분석 방법으로는 통계적 검증, 정성적 토론, 실험, Simulation 등이 있다.

(통계적 검증)

통계적 검증은 Data의 모집단이 가지고 있는 대표적인 특성을 일반화하는 것으로서, 모집단의 특징을 대표하는 표본을 추출하여 표본 분포로 모집단이 가지고 있는 고유의 특성을 추정하는 Data 분석 방법이다.

대표적인 기법으로는 T-Test, ANOVA, Chi-Square Test 등이 있다.

(정성적 토론)

정성적 토론은 관련 분야의 전문적인 Skill을 가진 임직원들이 팀을 이루어 활동하면서 전문적인 지식과 실무 경험을 바탕으로 Brainstorming이나 5 Why 등의 기법을 활용하여 Data를 분석하는 방법이다.

정성적인 토론을 통해 Data를 분석할 때 참가자들은 미리 이슈에 대하여 충분한 공감대를 형성하고 있어야 한다. 또한, 최고 의사결정자나 조직의 리더들과 진행 과정을 정기적으로 공유하고 조언을 듣는 것도 중요하다.

(실험)

실험은 추정한 가설을 현장과 현물에 적용한 뒤 나타나는 현상을 분석하는 방법이며, 현장과 현물의 문제점에 대한 이해도를 높일 수 있다는 장점이 있다.

(Simulation)

복잡한 이슈에 대한 현상을 분석하고 문제를 해결하기 위하여, 현장과 현물의 비슷한 모형을 만들고 모의 실험을 하여 나타나는 특성을 찾아내는 Data 분석 방법이다.

실제와 비슷한 모형을 만들어서 Data를 분석하는 물리적인 Simulation과 컴퓨터를 이용하여 수학적인 모델을 다루는 논리적 Simulation 등이 있다.

Simulation의 장점은 투입비용을 최소화하면서 적용하는 조건에 따라 발생할 문제점에 관하여 미리 Risk Management를 할 수 있다는 것이다. 또한, Data 분석의 결과를 단시간 내에 파악할 수 있어 신속하게 의사결정을 진행할 수도 있다.

Simulation은 디스플레이나 반도체 기업이 신 공장을 건설할 때, 정밀을 요하는 고가의 기계장치나 설비를 Set-up할 때, 청정 Fab 환경 관리 등 수많은 이슈를 Risk Management할 때 특히 많이 사용하는 Data 분석 방법이다.

사례로 LG Display는 구미 3공장을 건설할 때 Simulation을 통하여 당시 세계 최단 기간인 5개월 만에 공장을 완벽하게 Set-up하고, 빠른 생산성 향상으로 높은 초기 생산수율을 달성했다.

12. 근본 원인을 찾아내는 방법

이슈와 관련한 가설을 검증하기 위하여 현장과 현물의 사실 Data를 수집하고 분석하여, 논리적인 설명과 입증할 수 있는 의미를 중심으로 근본 원인을 찾아낸다.

근본 원인은 20:80의 법칙에 따라 이슈에 가장 많은 영향을 미치고 있는 것이어야 하며, 근본 원인을 최종 확정하기 전에 5 Why 기법으로 더는 질문이 생기지 않을 정도인지를 점검해야 한다.

5 Why?

5 Why는 문제의 근본 원인을 알아내기 위하여 정성적으로 질문하는 방법이다. Why 질문을 5번 이상 반복함으로써 문제를 일으킨 가장 핵심적인 원인을 깊이 있게 찾아내는 방법이다.

(5 Why 진행의 유의 사항)

첫째, 질문을 받는 사람은 자신이 컨트롤 가능한 내용으로 대답해야 한다

예를 들어 "왜 TOEIC 성적이 오르지 않는 것일까?"라는 질문을 받았을 경우 단순히 "TOEIC 시험 문제가 어려워서."라고 대답하면 안 된다는 것이다.

문제의 근본 원인을 찾아내기 위한 질문에 대하여 스스로 컨트롤이 불가능한 사항으로 대답하는 것은 문제 해결에 전혀 도움이 안 되기 때문이다.

둘째, 질문을 받는 사람은 정량적인 수치와 증명할 수 있는 사실을 근거로 대답해야 한다.

예를 들어 "왜 제품의 생산수율이 향상되지 않을까?"라는 질문에 대하여, "공장에 있는 현장 사원들이 열심히 일하지 않아서."라는 형태로 대답해서는 안 된다.

이 질문에 대한 올바른 대답은 "현장 사원 중 30% 정도가 아직

직무능력이 부족한 신입사원들이기 때문이다."와 같이 정량적인 수치와 납득이 갈 정도로 사실적인 근거를 제시해야 한다.

셋째, 더는 "왜?"라는 질문이나 의문이 생기지 않을 때까지 대답해야 한다.

Why 질문의 반복

현진 ; 왜? 미술관 벽이 부식이 되지?
민주 : 청소를 너무 자주 하기 때문이야.
현진 ; 왜? 청소를 자주 하지?
민주 : 새들이 몰려와서 벽에 배설을 하기 때문이야.
현진 ; 왜? 새들이 몰려오지?
민주 : 그건 거미들이 많아서 그래.
현진 ; 왜? 거미들이 많지?
민주 : 밤에 불나방들이 많이 모여들기 때문이지.
현진 ; 왜? 밤에 불나방들이 모여들지?
민주 : 전등 불빛 때문이야
현진 ; 아! 그러면 미술관 불을 주변보다 늦게 켜면 어떨까?

13. 현상 분석을 잘하기 위한 점검 사항

첫째, MECE 관점에서 이슈를 세분화했는가?

MECE 관점에서 이슈를 작게 세분화하면, 문제를 놓치거나 중복이 발생하지 않게 되어 근본 원인을 찾아내기가 편해진다.

둘째, 이슈별로 문제를 추론하여 가설을 설정했는가?

이슈별로 문제를 추론하여 가설을 미리 설정한 후 현장과 현물의 사실 Data를 수집 및 분석하게 되면, 불필요한 Data의 수집과 분석에 자원을 투입하거나 낭비하지 않게 되며, 정확성이 높고 질적인 Data를 수집할 수 있게 된다.

셋째, 이슈별로 추론한 가설의 검증 계획을 수립했는가?

가설검증 계획서를 작성하여 분석할 내용, 현장과 현물의 사실 Data를 수집하는 방법, 분석 업무 담당자, 일정 등을 체계적으로 관리함으로써 가설을 검증하는 과정에서 발생하는 장애 요소를 최소화하고 불필요한 시간 낭비를 제거할 수 있다.

넷째, 이슈에 대한 진짜 문제와 근본 원인을 도출했는가?

진짜 문제와 근본 원인을 찾아야만 문제의 해결안을 도출하는 아이디어 발상이 가능해진다.

문제-원인 Logic Tree

해결안 도출

남들이 할 수 없고, 생각하지도 못한 것에 도전하자!

1. 해결안 도출이란?

해결안 도출은 테마^{경영과제}의 이슈들이 가진 진짜 문제를 해결하기 위한 아이디어를 도출하는 과정이다. 문제의 해결안을 도출하기 위해서 무엇보다 중요한 것은 열린 사고를 하는 것이다.

문제의 해결안을 도출하는 대표적인 방법으로는 창의적 아이디어 발상법(ECRS 포함), Benchmarking, Open Innovation, 고객의 요구 파악 등이 있다.

2. 창의적 아이디어 발상법

창의적 아이디어 발상법은 Task팀 활동을 통하여 창출한 Best Practice의 Know-how들을 조사하여 공통으로 적용할 수 있는 문제 해결의 원리이다.

창의적 아이디어 발상법의 대표적인 사고로는 기존 관습 없애기, 단편적인 사고하지 않기, 한계 돌파하기, 역발상 등이 있다.

도그마(Dogma)의 타파

도그마는 '분명히 절대적으로 그렇다.'라고 사회적으로 받아들여지는 생각과 믿음이다. 문제를 해결하기 위한 창의적 아이디어를 발상하기 위해서는 가장 먼저 도그마를 타파해야 한다.

도그마를 타파하기 위해서는 현상 속에서 도그마의 정체를 알아내고 이를 부정하면서 새로운 방법을 생각해야 한다.

가치혁신(ECRS)

가치혁신(ECRS)은 제거^{Eliminate}, 결합^{Combine}, 재배치^{Rearrange}, 단순화

Simplify를 통하여 문제의 해결안을 도출하는 창의적 아이디어 발상법이다.

가치혁신(ECRS)을 통한 창의적 아이디어 발상법으로는 삭제, 분할, 분리, 통합, 형상 변경, Parameter 변경, 순서 변경, 주기 변경, 위치 변경, 경로 변경, 최적화, 동시 동작, 기존 자원의 활용, 대체, 개발, 표준화, 공용화, 사전 예방, 선행 준비, Self-Control, Benchmarking, 매개체 추가 이용, 자유도, 피드백, 불균일, 비대칭, 가시화 등이 있다.

3. Benchmarking

Benchmarking은 경영과제를 가장 잘 해결하고 있는 우수한 상대 회사를 찾아서 자사와 성과 수준의 차이를 확인하고, 그 차이를 극복하기 위한 Know-how를 현장학습을 통하여 직접 배우고 혁신하는 방법이다.

Benchmarking을 할 때 가장 중요하게 고려해야 하는 것은 자사가 개선해야 할 대상을 분명히 하고, 관련 분야에서 가장 우수한 성과를 내는 상대 회사의 경영성과와 KPI 목표 설정 수준, 업무 프로세스와 제도, 자원 투입 등의 경영 방식을 배우는 것이다.

Benchmarking의 절차

첫째, 준비 단계로서 자사가 개선해야 할 대상을 명확히 하고, Benchmarking할 상대 회사를 선정하여 분석 계획서를 작성한다.

구체적으로 자사가 개선해야 하는 대상의 현재 수준을 파악하고, Benchmarking할 상대 회사는 동종 업체만이 아니라 이종 업체까지 검토하여 선정한다.

Benchmarking의 성공 여부는 사전 준비에 있으므로, 무엇을 분석할 것인지 철저하게 계획해야 한다.

둘째, 비교분석 단계로서 Benchmarking할 상대 회사와 자사의 성과 차이 요인에 대해 분석하고, 자사에 적용할 수 있는 상대 회사의 우수한 경영 방식이 무엇인지를 검토한다.

셋째, 개선활동 단계로서 Benchmarking을 통하여 확보한 Know-how를 자사의 상황에 맞게 최적화하여 개선 계획을 수립하고 실행한다. 개선 진척 상황을 모니터링하고, 지속해서 F-up해야 한다.

특히 Benchmarking은 타사의 업무 Know-how를 배우는 과정이므로 Benchmarking 절차에 따라 철저하게 사전 준비와 점검을 하고, 상대 회사에 Benchmarking을 원하는 대상이 무엇인지, 얼마만큼 알고 싶은지 등을 미리 통보하고 협의해야 한다.

이렇게 사전 협의를 해야만 상대 회사에서 어느 정도 범위까지 정보를 공개할 것인지 의사를 결정할 수 있고, Benchmarking에 대응할 수 있다.

사전 협의 없이 Benchmarking을 실시하게 되면 상대 회사는 어느 분야에서 어떤 정보를 얼마만큼 어떻게 공개할 것인지에 대하여 구체적으로 알 수 없으므로 대략적인 정보를 공개하거나 홍보 수준의 정보를 공유하는 상황이 발생하게 된다.

Benchmarking의 관점

Benchmarking의 관점은 우수한 상대 회사가 어떠한 업무 프로세스를 수행하여 경영성과를 창출하고 있는가에 대하여 집중적으로 알아내고 배우는 것이다.

예를 들어 Benchmarking할 상대 회사의 제품원가가 자사보다 15% 정도 낮다고 가정했을 경우, 상대 회사는 어떤 방식으로 업무를 수행하여 제품원가를 낮출 수 있었는가에 대한 Know-how를 알아보아야 한다.

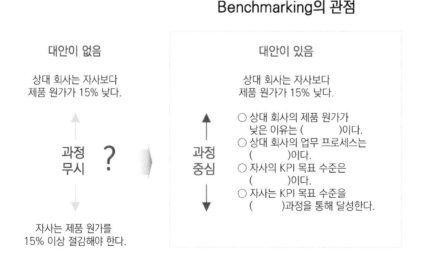

Benchmarking의 관점

Benchmarking의 주의 사항

첫째, Benchmarking은 반드시 외부 회사를 상대로만 한다는 사고를 버려야 한다.

우수한 외부 회사를 Benchmarking하기 어려운 경우에는 자사의 각 부서가 가지고 있는 Best Practice를 Benchmarking할 수도 있으므로 사내 Benchmarking 체계를 구축하여 활성화해야 한다.

둘째, Benchmarking을 통해 획득한 Know-how를 자사의 수준에 맞게 응용하여 적용하는 방안을 연구해야 하며, 자사와 업종이 다른 우수한 회사를 대상으로 Benchmarking을 할 수도 있다는 열린 사고를 해야 한다.

특히 자사와 같은 업종의 회사는 대부분 경쟁 회사이기 때문에 Benchmarking하기가 쉽지 않으므로, 자사와 다른 업종의 회사를 Benchmarking하고 획득한 Know-how를 자사의 현실에 맞게 응용하여 적용하는 방법을 추진할 수도 있다.

셋째, Benchmarking할 상대 회사를 잘못 선정하는 일이 발생하지 않기 위해서는 자사가 가진 이슈의 문제와 근본 원인이 무엇인가를 명확히 해야 한다.

4. Open Innovation

Open Innovation은 더 큰 시장을 개척하기 위하여, 회사 내부에 한정되어 있던 연구·개발의 범위를 확대함으로써, 회사 외부에 존재하는 기술과 지식을 받아들여 활용하는 혁신 방법이다.

대표적으로는 Pringles$^{P\&G}$의 Open Innovation 사례가 있다.

그림이 그려진 Pringles 감자칩을 만들면 어린이들이 엄청나게 좋아할 것이란 아이디어를 착안하였지만, 감자칩에 사용할 식용 잉크를 자체 개발할 경우 3년 이상이 소요될 것으로 예상하였다.

결국 P&G는 쿠키에 그림을 그려서 판매하는 이탈리아의 볼로냐에 있는 빵집과 협업하였고, 1년 만에 식용 잉크를 개발할 수 있었다.

5. 고객의 요구 파악

고객의 요구 파악은 문제의 해결안을 도출하기 위하여 가장 기본적으로 고려해야 하는 사항이다.

고객의 요구를 파악하기 위해서는 해결해야 할 과제의 목적, 달성 방법, 달성 수준을 구체화하고 고객들이 요구하는 사항을 조사해야 한다.

아무리 좋은 문제의 해결안이 도출되었다고 하더라도, 고객의 요구가 반영되지 않았다면 올바른 해결안이라고 할 수 없다.

또한, 고객의 요구를 파악하는 과정에서 획득할 수 있는 장점은, Quality, Cost, Speed 측면에서 경제성과 효율성을 고려한 문제의 해결안을 도출할 수 있다는 것이다.

참고로 고객의 요구 파악 3요소는 과제의 구체화, 고객의 요구, 변혁 Point이다.

고객은 회사의 내부고객과 외부고객으로 분류된다. 업무 개선에서는 주로 회사의 내부고객인 임직원들의 요구사항을 파악한다. 외부고객인 경우는 자사의 제품을 구매하는 고객 또는 원자재와 부품을 공급해주는 협력 회사의 요구사항을 파악한다.

생산 현장 OJT 시스템의 개발

과제의 구체화	목적	생산 현장 감독자들이 필요한 기술을 쉽게 학습할 수 있도록 함.
	방법	필요한 기술의 내용과 수준을 제시하고, OJT 실행을 위한 학습 기법의 개발 및 지원 체제를 구축함.
	수준	생산 현장 감독자 및 엔지니어가 모두 만족할 수 있는 현장이 중심이 되는 OJT 시스템을 개발함.

고객의 요구	현장 감독자	현장 사원 전원이 참여할 수 있으며, 활용하는 것에 불만 사항이 없어야 함.
	생산 엔지니어	OJT를 통하여 학습한 기술이 생산 현장에 100% 적용 가능해야 함
	공장장	운영 경비를 최소화하고 실무에 즉시 적용이 가능한 실행력 있는 OJT 시스템이 되어야 함.

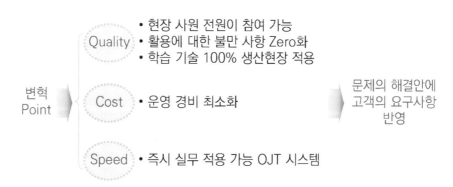

Part 5

실행

시작은 신중하게 하고, 시작하면 될 때까지 끝까지 해내자!

1. 실행이란?

실행은 문제의 해결안을 현장과 현물에 직접 적용하여 문제의 근본 원인을 제거하고 Best Practice를 창출하는 과정이다.

주요 활동은 문제의 해결안을 실행하기 위한 실행 체제를 구축하여 실행력을 강화하고, Risk를 예측하여 대응하는 Risk Management와 실행 성과를 평가하고, Best Practice를 정리하는 것이다.

아무리 창의적인 문제의 해결안을 도출했더라도 현장과 현물에 적용하여 실행하지 않는다면 아무런 의미가 없다.

문제의 해결안이 제대로 실행되어야만 변화가 일어나고 혁신이 일어날 수 있다.

실행력 강화 방안

2. 실행의 우선순위 선정

문제의 해결안은 중요도와 시급성을 분류하여 우선순위를 정하여 실행해야 한다.

가용할 수 있는 경영자원은 무한하지 않으며, 이를 최대한 효율적으로 투입하면서 경영성과를 극대화해야 하기 때문이다.

문제의 해결안을 실행하는 우선순위를 선정하는 방법은, 중요성과 시급성에 따라 분류한 결과를 중심으로 임직원들의 의견을 종합하고, 실행팀의 전체 역량을 언제 어디에 어떻게 할당할 것인가를 고려하는 것이다.

실행의 우선 순위 선정 기준

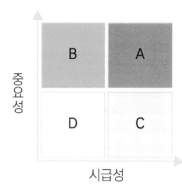

1순위 A : 중요성 높음 시급성 높음(즉시 실행)
2순위 B : 중요성 높음 시급성 낮음(전략적 계획 기한 설정)
3순위 C : 중요성 낮음 시급성 높음(축소 또는 위임)
4순위 D : 중요성 낮음 시급성 낮음

3. 실행계획 수립

문제의 해결안을 실행하는 우선순위를 결정한 후에는 구체적인 실행계획을 수립해야 한다.

실행계획은 5W1H 관점에서 경영자원의 효율적인 투입 방안을 포함하여 상세하게 수립해야 한다. 또한, 실행에 참여하는 임직원들에게 동기를 부여하는 것도 고려해야 한다.

Logic Tree를 활용한 실행계획 수립(양식)

경영과제	세부 실행과제	'21 년간 KPI명 기준 S/G	1월	월별 목표/실적 2월 ·········· 12월	담당자
		'21 년간 KPI명 기준 S/G	1월	월별 목표/실적 2월 ·········· 12월	담당자
		'21 년간 KPI명 기준 S/G	1월	월별 목표/실적 2월 ·········· 12월	담당자
		'21 년간 KPI명 기준 S/G	1월	월별 목표/실적 2월 ·········· 12월	담당자

4. 실행 매뉴얼 작성

실행 매뉴얼이란 업무수행 기준과 절차, 필요 Skill, 설비와 도구 등 업무의 흐름을 시계열적으로 작성한 것이다. 일정한 능력과 자격을 갖춘 사람이면 누구든지 같은 결과를 창출할 수 있도록 작성한 Tool이다.

문제의 해결안에 대한 실행계획을 수립하기 위해서는 가장 먼저 실행 매뉴얼부터 작성해야 한다. 실행 매뉴얼에 작성된 업무 프로세스를 기준으로 실행계획을 수립해야 하기 때문이다.

실행 매뉴얼이 필요한 이유는 업무를 수행하는 임직원이나 제품을 사용하는 고객들의 원활한 프로세스 활용을 돕고, 재현성과 파급성이 높은 Best Practice를 만들기 위함이다.

실행 매뉴얼의 작성 내용은 개요, 목적과 운영 절차, 업무수행 방법의 Know-how, 실행 과정에서 발생하는 예상 문제점과 주의 사항, 작성에 필요한 양식으로 구성된다.

5. 실행팀 구성

문제의 해결안을 실행하는 팀을 구성하는 방법으로는, Task팀이 모든 실행을 주관해서 진행하거나, Task 팀원 중 일부 인원이 실행 팀에 참여하는 형태가 있다.

그리고 Pilot 운영같이 실행팀을 별도로 구성하는 형태가 있는가하면, 별도의 실행팀을 구성하기가 어려운 경우 관련 부서의 임직원들과의 Workshop 또는 정기적인 회의체를 통하여 협업하는 형태로 운영하는 방법도 있다.

실행팀은 문제의 해결안 수나 특성을 고려하여 관련 업무에 전문성을 가진 임직원들을 중심으로 선정해야 하며, 반드시 임명식이나 Kick-off 같은 발대식을 통해서 공식화하고 실행 성과에 대한 공정한 평가와 포상 체계도 구축하여야 한다.

업무활동 방향은 실행팀이 주체성을 가지고 결정하도록 해야 하며, 실행팀의 기능을 정의하고 Mission과 역할의 분장, 실행 업무에 대한 목적과 목표를 명확히 해야 한다.

6. 실행 조직 활성화

실행 조직 활성화란 문제의 해결안을 실행하는 임직원들에게 동기를 부여하고 업무를 효율적으로 수행할 수 있는 체계를 구축하는 것이다.

일반적으로 조직 활성화라고 하면 단순히 임직원들에 대한 사기 진작과 같은 것을 강조한다. 하지만 진정한 조직 활성화는 임직원들에게 동기를 부여하고, 업무를 잘할 수 있는 분위기를 만드는 것이다.

실행 조직 활성화를 위한 대표적인 방법으로는 Co-Location, Teambuilding, Early Involvement, Cross Functional Workshop 등이 있다.

Co-Location

Co-Location이란 독립적으로 활동하는 Task팀이나 실행팀의 팀원들이 별도의 Room에서 함께 근무하도록 하여 최대한 물리적인 거리를 가깝게 함으로써, 의사소통을 원활히 하고 업무를 신속하게 수행할 수 있도록 하는 조직 활성화 방법이다.

별도의 독립적인 실행팀을 구성할 수 없는 경우에는 팀원 간의 물리적인 거리를 가깝게 하기 어려우므로, 정기적인 회의체를 운영함으로써 심리적으로 함께 업무를 수행하는 것처럼 느끼게 하는 것이 좋다.

또한, Task팀과 실행팀을 최대한 현장과 현물 가까운 곳에서 근무하도록 하는 것이 관련 부서와 신속하고 효율적으로 업무를 협력하는 데 도움이 된다.

Teambuilding

Teambuilding이란 Task팀과 실행팀 활동에 참여하는 모든 임직원이 원활하게 의사소통하고 팀워크를 형성하도록 하는 조직 활성화 방법이다.

또한, Teambuilding을 통하여 One Team One Mind 분위기를 형성하고, 목표와 세부 문제의 해결안을 실행하는 방안을 공유하며, 업무 분장을 명확히 할 수 있다.

Teambuilding 일정 계획

	시간	주요활동	비고
8월 10일	08:30~09:30	실시 목적 및 일정 소개	소강당
	09:30~12:00	경북 문경으로 이동	버스 배차
	12:00~13:00	중식	문경 새재 입구 식당
	13:00~17:00	우리는 One Team 행사(팀워크) 혁신 목표 달성을 위한 등반 (정상에서 목표 달성 다짐 행사)	주흘산 플래카드 준비
	17:00~18:30	휴식과 에너지 충전	문경 온천
	18:30~19:00	이동	버스 배차
	19:00~21:00	석식과 화합 - One Team One Mind - Ground Rule 만들기	벽 없는 대화
	21:00~	자유 시간	문경 예술촌
8월 11일	06:30~09:30	아침 운동/조식	죽구
	09:30~12:00	업무 추진 목표와 방향 Consensus	Brainstorming
	12:00~13:00	중식	문경 예술촌
	13:00~16:00	우리는 One Team 행사(팀워크) - Rafting	Rafting
	16:00~	귀가	버스 배차

Early Involvement

Early Involvement란 업무기획 단계에서부터 관련 부서의 임직원들을 참여시키고, 원활한 의사소통과 협업을 통하여 실행력을 배가시키는 조직 활성화 방법이다.

업무를 시작할 때부터 관련 부서의 임직원들을 참여시키면 업무의 필요성과 진행 내용에 대한 이해도를 높여 본격적으로 문제의 해결안을 실행할 때 저항을 최소화할 수 있다. 협업을 끌어내기도 쉬워진다.

만약 업무기획 단계에서부터 관련 부서의 임직원들을 참여시키지 않고 본격적인 문제의 해결안을 실행하는 단계에서부터 참여시키려 하면, 관련 부서의 임직원들은 업무의 필요성과 진행 내용에 대한 이해가 부족하여 실행 참여에 강한 저항을 보이거나 소극적으로 반응하게 된다.

예를 들면 Early Involvement는 새로운 시장을 개척하거나 선점하기 위하여 Business System상의 전략, 상품기획, 구매, 개발, 생산, 지원, 영업 등의 관련 부서들이 업무기획 단계에서부터 협업함으로써 역량을 집중하는 것이다.

신기술 강화를 위하여 개발과 생산 관련 부서의 임직원들이 상호 배치되어 함께 근무하거나, 원가절감을 위하여 제품 개발의 초기 단계에서부터 일정한 기간 동안 개발, 구매, 생산 등 각 부서의 임직원들을 중심으로 Task팀 활동을 추진하는 예도 있다.

이렇게 Early Involvement 형태로 조직 활성화를 하게 되면, 부서 간에 발생하는 이슈에 대하여 자기 부서 입장만 주장하는 조직 이기주의나 부분 최적화 현상이 발생하지 않는다. 상호 이해와 원활한 의사소통을 통하여 역량을 집중할 수 있고, 전체 최적화 관점에서 문제 해결의 실행을 가속할 수 있다.

바람직한 Early Involvement를 하기 위해서 개발부서는 제품 개발을 시작하는 단계에서부터 공장의 생산성을 고려하여 설계를 진행하고, 제품의 성능과 원가절감을 목표로 수립하여 적기에 개발해야 한다.

또한, 구매부서에서도 제품 개발을 시작하는 단계에서부터 참여하여 핵심 부품의 구매원가를 절감하도록 해야 하며, 생산부서와 품질부서는 조기에 생산성 및 품질 경쟁력을 확보하여 제품을 적기에 양산하여 출시할 수 있도록 해야 한다.

Cross Functional Workshop

Cross Functional Workshop이란 문제의 해결안 도출과 실행을 위하여 관련 부서의 임직원들이 정기적으로 정보와 이슈를 공유하고, 업무 방향의 설정과 신속한 업무추진을 협의하는 조직 활성화 방법이다.

예를 들면 Business System상에서 상호 업무가 연관된 구매, 개발, 생산, 영업, SCM 등 각 부서의 임직원들이 함께 모여서 업무의 전문성 발휘와 역량을 집중하여 문제의 해결안을 도출하고, 신속한 실행 방안을 논의하는 Workshop이라고 할 수 있다.

7. 실행과 모니터링

바로 적용이 가능한 문제의 해결안부터 실행하여, 최대한 빨리 작은 성공 체험을 많이 하게 되면 자신감이 생기고, 더 큰 성과 창출을 위한 성공 체험으로 이어질 수 있다.

또한, 실행 과정을 주기적으로 모니터링하고 추가로 발생하는 문제점들을 개선함으로써, 해결안의 완성도를 높이고 실행을 전면적으로 확대할 수 있도록 해야 한다.

문제의 해결안 실행을 통하여 설정한 KPI 목표 달성의 가능 여부를 모니터링하고, 목표 달성이 불가능하거나 미흡한 부분이 있다면 Idea Generation을 통해 더욱 혁신적으로 개선된 문제의 해결안을 도출해야 한다.

8. Risk Management

Risk Management란 문제의 해결안 실행이 성공할 기회를 높이고 실패할 위험을 낮추기 위하여, 장애 요인들을 예측하고 대응함으로써 Risk가 실제 문제로 이어지지 않도록 예방하는 관리 방법이다.

Risk

아직 문제로 발생하지 않은 것을 의미하며, 상황이 악화되거나 조건을 충족시키지 못하는 불확실성을 의미한다.

Risk Management의 필요성

Risk Management가 필요한 이유는 해결해야 할 테마^{경영과제}의 규모가 크고 업무 프로세스가 복잡해짐으로 인하여 더 많은 Risk가 발생할 확률이 높기 때문이다.

또한, 경영성과를 극대화하기 위해서는 Risk가 낮은 업무보다는 Risk가 높은 업무에 도전해야 하기 때문이기도 하다.

특히 한정된 경영자원을 투입하여 고객이 원하는 제품 납기 일정에 맞춰 최고의 제품과 서비스를 공급해야 하는 상황에서는, 일정과 품질 Risk를 철저하게 방지하기 위해 Risk Management가 매우 중요하다고 할 수 있다.

Risk Management를 해야 하는 사항은 수시로 점검하고 수정하며 보완해 나가야 한다.

Risk Management 계획

분류	예상Risk	P	I	S	상세내용	대응방안	담당자	일정	현황
CR DI	수율 저하와 품질문제 발생	4	5	20	Deionized water 사용량 절감 추진 → 검토 후 실행항목 하류전개 → R&R 분석 시 WIN 아이템 선정	• 생산부서와 장비부서의 원활한 의사소통 채널 구축	김인철 사원	공장별 활동 초기부터	현재까지 발생 무
	사용량 저감의 한계	5	3	15	Deionized water 사용량 저감의 해결안 도출과 실행을 위하여 생산공정부서와 장비부서의 적극적인 참여 유도 필요	• 공정별 엔지니어들을 Task 팀원으로 참여 시킴	박인호 대리	공장별 활동 시작 전부터	경영혁신팀에 지원 요청
UTILITY 시스템	UTILITY공급 Error 발생	5	5	25	생산Capa 극대화/Loss최소화 활동 → 에너지절감 과제 실행 내용 (신규아이디어, 타사BP사례 적용시) → 설비수선 공사 집행 시	• 생산부서와 설비부서의 협업 Process 체계 구축 • 작업지도서 점검 및 공사 모니터링	이혜영 대리	수시	현재까지 발생 무
	활동 효과 없음	2	5	10	공장별로 Serial형태로 New UT 추진 → F1 → F2 → F3 → F4	• Concurrent Engineering 활동 전개 • Cross Functional Workshop 실시	고민정 대리	필요 시	경영혁신팀에 지원 요청

* Probability/Important/Seriousness

9. 성공적인 실행을 위한 점검 사항

○ 문제 해결의 목적을 명확히 인식하고 있으며, 문제의 해결안에 대한 실행 우선순위를 평가하여 결정했는가?

○ 문제의 해결안을 실행했을 때 나타날 성과 이미지가 분명한가?

○ 실행 조직의 임직원들이 문제를 해결하고자 하는 혁신적이고 도전적인 마인드를 가지고 있는가?

○ 문제의 해결안을 구체적으로 실행할 계획은 수립되었는가?

○ 문제의 해결안을 실행한 결과에 따라 영향을 받는 관련 조직

과 미리 충분한 협의를 통하여 실행팀을 구성했는가?

○ 실행팀원은 관련 부문에서 최고의 업무 전문가인 인재들을 중심으로 선정하였는가?

○ 문제의 해결안이 현장과 현물에 대한 현상 분석을 통하여 문제의 근본 원인을 명확히 제거할 수 있는가?

○ 문제의 해결안별로 실행팀원들의 업무 분장이 되었는가?

○ 문제의 해결안을 실행하는 과정에서 필요한 사전 대책안과 실행 프로세스^{업무 매뉴얼 등}를 충분히 검토했는가?

○ 문제의 해결안을 실행함에 따라 가장 크게 영향을 받는 대상은 무엇인가?

○ 문제의 해결안을 실행함으로써 직접적인 영향을 받는 임직원들이 불평하는 이슈와 저항의 유형에 대하여 예상하는가?

○ 회사 내부와 외부 고객의 반응을 파악할 방법은 무엇인가?

○ 문제의 해결안을 실행하는 과정에서 추가적인 개선점을 지속해서 찾아내려는 방법은 무엇인가?

○ 문제의 해결안을 실행하는 과정에서 발생 가능한 Risk 사항에 대하여 예측하고 대응 방안을 수립하였는가?

○ 실행을 통하여 창출한 Best Practice를 사내에 전파하기 위한 계획을 세웠는가?

실행 성공을 위한 주요 활동

주요활동	상세활동내용	기타
1. 실행팀 활성화	• 실행팀에 대한 동기부여와 격려, Formal/Informal 활동 실시 및 지원	○ 실행팀 간 교류회
2. 투입자원 지원 및 재배치	• 배정된 자원의 신속한 확보 및 지원, 활동에 대한 물적, 인적자원 지원과 재배치	
3. Top Commitment 확보	• Top의 실행팀 현장방문 미팅 및 관심 유지	
4. 실행팀 간 협업	• 실행팀 간의 교류회를 통하여 전체 팀 활동이 일관성 있게 추진될 수 있도록 하고, 성공과 실패 사례 공유를 통한 실행력 가속화	
5. 교육 및 홍보	• 실행 단계별 Skill 교육 및 홍보	○ 업무일지 작성 ○ 실행 현황판 관리 ○ 일정 관리
6. 시범 Line 운영	• 문제의 해결안 실행 결과의 점검 및 추가적인 문제점 개선	
7. Best Practice 전파	• Best Practice 전파를 통하여 재현성 검증 수단으로 활용과 Task팀 활동의 홍보 효과 고려	
8. 실행 진척도 Monitoring	• 실행계획이 일정대로 진행되고 있는가를 점검하고, 필요한 경우 투입자원의 재조정이나 지연되는 원인 파악을 위한 Data 수집을 병행	
9. 실행결과 측정	• 활동 결과의 Data 수집 및 집계	○ 문제의 해결안별 실행결과 집계 Check sheet
10. 실행상 문제 파악	• 실행 결과치와 목표치를 비교하여 문제 여부 판단.	
11. 실행상 문제 조치	• 관찰, 측정, 인터뷰 등을 통한 원인 규명 • 원인별 대처 안 도출과 조치, 문제의 성격, 크기에 따라 Version-up으로 연계	
12. 보고, 컨설팅	• 실행진척 상황과 실행 성과 보고, 필요 사항 지원 요청.	○ 서면보고 또는 Presentation

Part 6

성과 관리

성과에 자만하지 말고 항상 초심을 유지하자!

1. 성과 관리란?

성과 관리란 문제의 해결안 실행을 통하여 창출한 성과를 정량적 성과와 정성적 성과로 분류하여 집계하고, 개선된 수준이 절대로 원위치로 돌아가지 않고 지속해서 유지되도록 하는 것을 의미한다.

정량적 성과는 매출 수량 30% 향상, 경영이익 30% 향상, 제조 원가 30% 절감, 생산수율 30% 향상 같은 KPI를 수치로 나타낸 것이다. 정성적 성과는 수치로 나타낼 수 없는 성과로서 업무역량 향상과 관련된 것을 의미하며, 시스템 구축, 업무 매뉴얼, 특허 출원, 교육 프로그램 같은 것들이 있다.

성과 관리를 제대로 하기 위해서는 성과 관리의 주기, 관리 대상, 담당자를 명확히 하여 성과 관리의 체계를 구축하고, Best Skill의 특허 출원 및 업무 프로세스의 표준화와 매뉴얼화를 추진해야 한다.

또한, 향후 사업환경의 변화를 예측하고 계속하여 성과를 극대화할 수 있는 혁신 방향을 수립하고, 회사 내 부서들이 상호 Bench marking할 수 있도록 Best Practice를 포함한 Task 활동 결과 자료들을 정리하여 공유해야 한다.

2. 정성적 성과 찾기

정성적 성과는 정량적 성과처럼 성과 수준을 수치로 표현하기가 어려우므로 몇 가지 점검 사항을 통하여 찾아내는 노력이 필요하다.

첫째, 시장에서 경쟁 우위 확보를 위하여 특허를 출원할 수 있는 Best Skill이 있는가?

둘째, 문제의 해결안을 성공적으로 실행한 Best Practice를 업무 매뉴얼로 작성하고 표준화 및 제도화하여 사내에 전파할 수 있는 부분이 있는가?

셋째, 사내 교육을 통하여 전체 임직원에게 긴급하게 공유할 사항은 없는가?

3. 성과 관리 현황판 운영

성과 관리 현황판의 운영은 Task 팀원들이 전체 업무활동의 진행 상황을 매일 눈으로 보고 이해할 수 있도록 함으로써, 비효율적인 업무 방식, 불필요한 업무 보고나 지시, 불필요한 회의 같은 낭비를 제거할 수 있게 한다.

그리고 Top^{CEO 또는 경영층}과 관련 부서의 임직원들에게 Task팀의 활동 내용을 현장에서 공유하고 관심과 참여를 유도할 수 있는 매우 유용한 의사소통 수단이기도 하다.

그러나 Task팀 현황판을 운영할 때는 정보 보안을 철저히 해야 한다는 점에 유의해야 한다.

4. V-Chart와 Logic Tree

V-Chart와 Logic Tree는 Task팀의 KPI와 문제의 해결안 실행
내용을 연계하여 관리할 수 있는 기법이다.

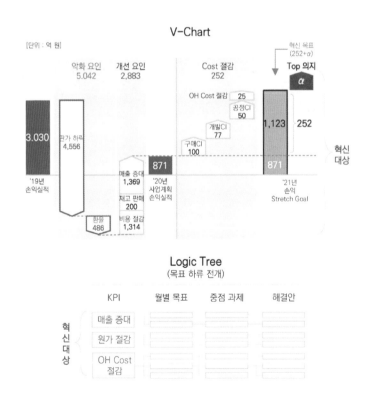

5. 활동 성과 보고 방법

Task팀의 성과를 보고할 때는 업무활동의 진척 상황에 따라 무엇을, 왜, 얼마만큼, 누가, 어떻게, 언제까지의 관점에서 보고를 받는 사람이 가장 궁금하게 생각하는 부분에 중점을 두고 논리적으로 설명하도록 해야 한다.

Case 1 : 문제의 근본 원인 분석을 진행 중인 경우

    무엇을? 왜? 얼마만큼? 누가? 어떻게? 언제까지?
    문제의 근본 원인을 도출하겠습니다.

Case 2 : 문제의 근본 원인을 찾아내고 해결안 도출을 진행 중인 경우

    무엇을? 왜? 얼마만큼? 누가? 어떻게? 언제까지?
    문제의 해결안을 도출하겠습니다.

Case 3 : 문제의 근본 원인을 찾아내고 해결안을 도출하여 실행 중인 경우

    무엇을? 왜? 얼마만큼? 누가? 어떻게? 언제까지?
    문제의 해결안 실행을 완료하겠습니다.

Case 4 : 문제의 근본 원인을 찾아내고 해결안 도출과 실행을 완료하여 성과를 창출한 경우

    무엇을? 왜? 얼마만큼? 누가? 어떻게? 언제까지?
    문제의 해결안을 실행 후 성과를 창출하였습니다.

셋째 마당

Task Management

한계는 없다!

긍정적인 **결과**를 만든다

긍정적인 **습관**이 생기고

긍정적으로 **행동**하면

긍정적으로 **생각**하고

Part 1

Task팀

끊임없이 자기계발을 하자!

1. 과제 해결형 학습조직

Task팀은 부서별로 흩어져 있는 지식을 통합화하여 시너지를 창출함으로써 경영과제를 해결하고 최고의 경영성과를 계속해서 만들어 갈 수 있는 Best Skill을 개발하는 활동을 한다.

또한, Task팀 활동에 참여하는 임직원들은 혁신적인 사고와 논리적인 업무추진 방식인 창의적 문제 해결 프로세스를 통하여 새로운 업무에 도전하고 성공을 체험함으로써 개인의 업무역량이 향상된다. 때문에 Task팀은 인재 육성뿐만 아니라 회사의 경영과제 해결과 성과 창출에 이바지하는 과제 해결형 학습조직이라고 할 수 있다.

Task팀은 Communication & Coordination을 통하여 각 부서가 가지고 있는 경영과제 해결을 위한 아이디어와 정보를 활용함으로써, 부서 간의 지식을 통합하고 업무 시너지 효과를 만들어 Best Practice를 창출한다.

2. 필요 역량

Task팀이 갖추어야 할 필요 역량은 업무 목표를 효율적이고 효과적으로 달성하기 위한 Process Management 역량과 Teamwork Management 역량이다.

Process Management 역량은 기획적이고 논리적인 업무수행 절차를 갖추고 팀원들이 역할과 책임을 다해 문제를 해결해 나가는 능력을 의미한다.

Teamwork Management 역량은 경청과 배려를 통해 의사소통을 원활히 하고 조직 분위기를 활성화하며, 팀원들이 서로 협력하는 능력을 의미한다.

Task팀의 성공은 Process Management 역량과 Teamwork Management 역량의 향상과 더불어, 이들 사이의 균형으로부터 나온다. 지나치게 한쪽 역량에만 집중하게 되면 Task팀 활동의 균형이 깨지게 된다.

예를 들어 Process Management 역량에만 관심을 집중하고 Teamwork Management에 관심을 가지지 않으면, 정교한 업무추진 체계를 구축할 수는 있어도 팀원들을 일벌레로 만들기 위해 몰아붙이게 되며, 조직 분위기가 침체하고 스트레스가 가중된다.

또한, Teamwork Management 역량에만 관심을 집중하고 Process Management 역량을 소홀히 하게 되면, 조직 분위기는 활성화되겠지만 정교한 업무추진 체계를 구축하지 못하게 되어, 업무의 방향성을 상실하고 효율성이 저하되는 현상이 나타난다.

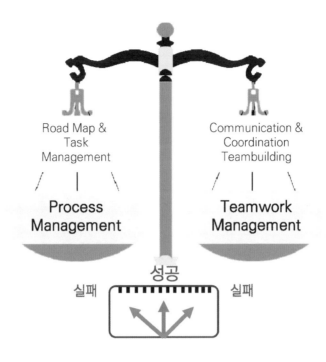

3. 신뢰와 확신

Task팀 활동의 신뢰와 확신은 분명한 목표 공유와 참여도, 역할과 책임의 명확화, 효과적인 업무절차, 관련 부서 임직원들과의 원활한 의사소통과 협업, 성과에 대한 공정한 평가와 포상제도 운영을 통하여 확보될 수 있다.

특히 성과에 대한 공정한 평가와 포상제도 운영은 Task팀 활동을 활성화하고 동기를 부여하기 위하여 매우 중요하다. 그렇기에 Top$^{CEO \ 또는 \ 경영층}$의 Consensus를 확보하고 지속해서 운영해야 하며, 가능한 한 경영전략팀 또는 경영혁신팀이 주관하는 것이 바람직하다.

Part 2

Task팀 활동

열린 마음으로 소통하자!

1. Task팀의 구성

테마명^{경영과제}의 구체화

Task팀이 해결해야 할 테마명은 혁신 대상, 혁신 수단, 혁신 목표를 구체화하여 작성해야 한다.

혁신 대상이란 제품, 원재료, 생산공정, 생산설비, 업무 프로세스 등과 같이 개선해야 할 대상을 의미한다.

혁신 수단이란 혁신 대상을 개선하는 방법을 의미한다. 창의적 문제 해결 프로세스, New Biz 모델, 상생, 신기술, 신공법, 6시그마, TPM^{Total Productive Maintenance}, TRIZ^{Theory Of Solving Inventive Problem} 등을 예로 들 수 있다.

혁신 목표란 달성해야 할 도전목표^{Stretch Goal}를 의미하며, M/S No.1, 생산수율 90%, 원가절감 30%, 매출 100억 원, 생산 수량 100만 개, 판매 수량 100만 개 등으로 정량적인 목표 KPI를 표현한다.

혁신 목표는 정량적인 목표 KPI뿐만 아니라 정성적인 목표 KPI로 표현하기도 한다.

그러나 최대한 목표 KPI는 정량화하여 표현해야 한다.

테마명을 구체화하여 작성하면 Task팀의 활동 방향과 존재 이유에 대하여 명확하게 표현할 수 있게 된다.

그리고 임직원들에게 Task팀의 활동에 대한 홍보와 관심을 유도할 수 있다.

테마명의 구체화

혁신 대상	• 개선 대상 (예: 제품, 원재료, 생산공정, 생산설비, 업무 프로세스 등)
혁신 수단	• 개선 방법 (예: 문제 해결 프로세스, 상생, 신기술, TRIZ, TPM, 6시그마 등)
혁신 목표	• 도전 목표 KPI (예: M/S No.1, 매출 100억 원, 생산수율 90%, 원가절감 30% 등)

○ UHD 기술 적용을 통한 차별화된 TV 개발로 시장점유율 No.1 달성
    혁신 수단   혁신 대상   혁신 목표

○ 상생 활동을 통한 협력사의 생산성 향상으로 원가절감 100억 원 달성
    혁신 수단   혁신 대상   혁신 목표

Task 팀명의 작명

Task 팀명을 만들어야 하는 이유는 테마명과 마찬가지로 Task팀의 존재를 잘 알리고 임직원들의 관심과 참여를 유도하기 위한 것이다.

Task 팀명은 Task팀 활동에 대한 의미를 잘 담고 있어야 한다.

Task 팀명은 간결하고 강한 인상이 있어야 하며, Task팀이 활동하는 테마^{경영과제} 내용의 이미지를 잘 표현하는 것이어야 한다.

또한, 부르기가 쉽고 기억하기 좋아야 하며, Task 팀원 모두의 의견 일치로 만들어야 한다.

예를 들어 시장 확대 테마인 경우, 대륙 정벌, 광개토대왕, 제품 차별화가 테마인 경우는 달라달라, 원가절감이 테마인 경우는 주리자, 다이어트24, 생산성 향상이 테마인 경우는 Jump30, Triple333 등이 있다.

Task팀의 구성원

Task팀의 구성원은 해결해야 할 테마^{경영과제}와 관련된 전문적인 지식과 기술을 가진 인재를 중심으로 선정해야 하며, Task Manager, Process Manager, Team Membership으로 인원을 구성하는 것이 바람직하다.

Task Manager는 Task팀을 전체적으로 Leading하고 관리하는 팀장이다. Task팀 전체 업무의 진행 내용을 잘 파악하고 있는 전문가이자 경영혁신 마인드를 갖추고 있으며, 대내외적으로 협업을 끌어낼 수 있는 추진력이 강한 관리자로 선정해야 한다.

Process Manager는 성공적인 Task팀 활동을 수행했던 경험이 있으며 논리적인 업무진행 프로세스와 문제 해결을 위한 혁신 기법을 잘 알고 있는 전문가로 선정해야 한다.

일반적으로 창의적 문제 해결 프로세스나 6시그마 MBB 등 혁신 기법의 전문가인 경영혁신팀원들이 Task팀을 컨설팅하는 형태로 참여하기도 한다.

Team Membership은 Task 팀원으로서 해결해야 할 테마와 관련한 분야별 실무 전문가로 선정해야 한다.

특히 주의해야 할 사항은, 보직이 없거나 인사고과 평가에서 능력이 부족한 임직원들을 Task 팀원으로 선정해서는 안 된다는 것이다.

왜냐하면, Task팀은 도전목표를 설정하고 회사의 중요한 경영과제를 빠른 기한 내에 해결해야 하는 업무를 수행하기 때문이다.

만약 경영혁신 활동을 흉내 내는 정도로 Task팀을 구성하여 활동하는 것이라면, 차라리 하지 않는 것이 좋다.

그렇게 대충대충 형식적으로 Task팀을 구성하여 활동하는 것은 제대로 된 경영성과를 창출하지 못할 뿐만 아니라, 불필요한 낭비만 발생시킨다.

경영혁신 활동은 다양한 방법으로 추진되지만, 그중 가장 핵심이 되는 것은 경영과제를 해결하고 경영목표를 달성하기 위한 Task팀 활동이라고 할 수 있다.

그래서 Task팀이 수행해야 한 테마^{경영과제}와 팀원의 선정에 대하여 매우 신중하게 검토하고 결정해야 한다.

Task Manager	Task팀 전체 업무활동을 파악하고 대외적인 협업 추진이 가능한 전문가
Process Manager	진행 Process에 대해 팀원을 Leading할 수 있는 전문가
Team Manager	Task 활동 추진에 있어 관련 부문별 업무를 추진할 수 있는 전문가

Task 팀장의 자질과 역할

Task 팀장은 Leading the Team, Project Planning, 업무활동 기록에 대한 유지와 관리, 팀 분위기를 활성화하고 팀원들이 자신감과 도전 정신을 발휘할 수 있도록 동기를 부여하는 Task Manager 역할을 잘해야 한다.

나아가 대내외적으로 의사소통과 협업을 잘 끌어낼 수 있어야 한다. 특히 의사소통을 하는 방법 중 프리젠테이션 능력이 뛰어나야 한다.

Task 팀원의 자질과 역할

Task 팀원은 정보수집과 분석 능력이 뛰어나야 하며, 업무와 관련된 부서의 임직원들의 협업을 끌어내기 위하여 친화력과 동기를 부여하는 능력이 있어야 한다.

또한, 관련 업무 분야의 전문적인 Skill을 보유하고 있으며 프리젠테이션도 잘할 수 있어야 한다.

실행팀의 구성

Task팀은 테마^{경영과제}를 해결하기 위한 기획과 분석, 문제의 해결안 도출 등 Task 활동 전반에 대한 업무를 수행한다. 실행팀은 Task팀에서 도출한 문제의 해결안을 구체적으로 실행하여 개선하는 업무를 수행한다.

그러므로 Task팀은 실행팀을 구성하고 상호 협업을 통하여 본격적인 문제의 해결안을 실행하게 된다.

실행팀의 구성 유형은 Task 팀원 전원이 모든 실행을 진행하는 형태, Task 팀원 중의 일부가 실행팀의 활동에 참여하는 형태, 별도로 독립적인 실행팀을 구성하는 형태가 있다.

제품을 생산하는 공장의 경우에는 본격적인 실행을 하기 이전에 Risk Management 차원에서 시범 Line 운영 형태의 실행팀을 구성하여 문제의 해결안을 실행하기도 한다.

또한, 독립적인 실행팀을 구성하기 어려울 때는 관련 부서 간 정기적인 회의체나 Workshop과 같은 의사소통 채널을 통하여 협업하고 실행하는 체계를 구축하는 것도 좋은 대안이 될 수 있다.

실행팀장의 자질과 역할

문제의 해결안에 대한 이해력과 수용력이 있어야 하며, 경영혁신 마인드와 강한 추진력이 있어야 한다.

실행팀원의 자질과 역할

적극적으로 실행 활동에 참여하는 태도를 보여야 하며, 수행할 업무에 대한 전문적인 Skill을 보유하고 있어야 한다.

2. Mission & Goal과 Ground Rule

Task팀이 Mission & Goal과 Ground Rule을 작성하는 이유는 활동의 일관성을 유지하고 업무 방향성을 명확히 하기 위한 것이다.

또한, 업무활동 과정을 점검하고 통제하는 기준이 되는 근거를 마련함으로써 성과에 대한 Q.C.D를 확보하기 위한 것이다.

Mission 작성의 예

○ 핵심기술의 로열티를 30% 이상 절감하기 위한 전략적인 특허확보 시스템을 구축함으로써 UHD TV 사업의 경영이익 확보에 이바지한다.

Goal 작성의 예

○ 효율적이고 효과적으로 특허 분쟁에 대응할 수 있는 전략 특허를 만들어내는 프로세스를 개발한다.

○ 로열티 절감을 위하여 경쟁력 있는 특허를 매년 30건 이상 출원한다.

○ 로열티 지급액을 30% 이상 절감한다.

Ground Rule 작성의 예

Ground Rule은 Task팀이 가장 첫 번째로 작성해야 하는 것으로서, 동기부여를 통한 사기 향상과 팀워크 형성을 위하여 Task팀원들이 업무를 수행하며 반드시 지켜야 할 규칙이다.

○ 우리가 남이가, 우리는 하나다!

○ 우리는 프로다!

○ 반드시 된다고 믿고 프로답게 행동하자!

○ 밥 먹을 때는 절대 혼자 먹지 말자!

○ 해보고 생각하자! 해보자! 해보자! 해보자!

○ 하면 된다! 할 수 있다! 하고 싶다!

3. 추진 조직도와 의사소통 채널

추진 조직도

Task팀 활동의 성공은 CEO를 비롯한 경영층의 강력한 관심과 지원, 관련 부서들의 적극적인 참여에서 나온다. Task팀 활동의 이 슈들을 공유하고 협업을 끌어내기 위해서는 체계적인 추진 조직도 를 작성하고 관리해야 한다.

추진 조직도는 Task 활동에 참여한 임직원들에 대한 공정한 성 과 평가와 포상을 위한 중요한 자료가 된다.

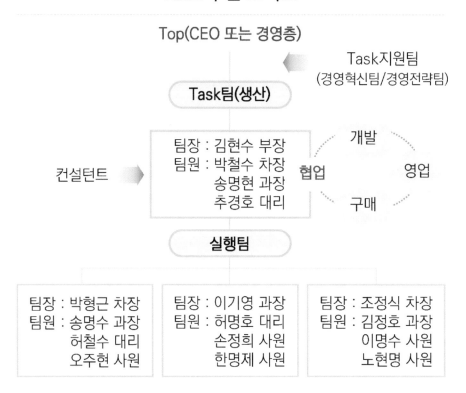

Task 추진 조직도

의사소통 채널

Task 추진 조직을 아무리 잘 구성했더라도 정기적인 회의체와 같은 의사소통 채널을 구축하여 체계적으로 운영하지 않는다면, Task 활동에 참여하는 임직원들이 역할을 제대로 못 하는 허수아비 조직이 되어버린다.

그러므로 Task 활동에 참여하는 임직원들이 적극적으로 업무진행 내용과 이슈를 공유하고 함께 의사결정을 할 수 있도록 규모와 성격에 따라 정기적인 의사소통 채널을 운영해야 한다.

의사소통 채널

구분	주관	목적	주기	참석대상
현장 방문 경영	CEO	업무 진척 사항 의사결정 및 격려	1회/월	CEO/Task팀
	본부장		1회/주	본부장/Task팀
과제 해결 W/S	임원	주요 이슈 협의와 아이디어 도출	1회/월	임원/Task팀 관련 부서
개발/생산 회의	Task 팀장	신제품 개발 및 신공정 개발 협의	1회/일	Task팀/관련 부서
영업 회의	Task 팀장	신시장 개척 및 매출 증대	1회/주	Task팀/관련 부서

4. 문제 해결의 절차

첫째, 개선해야 할 대상의 현재 수준과 바라는 수준의 차이를 문제로 정의한다.

둘째, 문제를 유발한 근본 원인을 도출한다.

셋째, Benchmarking, 창의적 아이디어 발상 등을 통하여 문제의 근본 원인을 제거하기 위한 해결안을 도출한다.

넷째, 실행 체제를 구축하고 도출된 문제의 해결안을 실행한다.

다섯째, 성과지표를 관리하고 창출된 성과를 지속해서 관리한다.

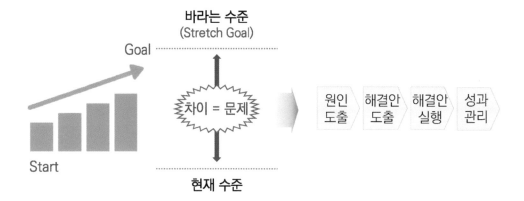

5. 업무일정 관리

　Task팀이 일정 관리를 하는 목적은 업무계획 수립과 진척 관리를 통하여 한정된 경영자원의 투입으로 가장 효율적이고 효과적으로 업무를 수행하기 위한 것이다.

　해결해야 할 테마경영과제와 내용, 업무 담당자, 업무 완료 기한, 업무수행에 필요한 인력과 설비, 도구는 Task팀의 업무일정 관리 시 반드시 점검해야 할 요소들이다.

　대표적인 업무일정 관리의 Tool로는 Gantt Chart와 Milestone Chart가 있다.

Gantt Chart

　Gantt Chart는 1919년 미국의 간트Henry Laurence Gantt가 작업 진도와 진척 관리를 하기 위하여 만들었으며, Task팀 활동 같은 프로젝트 활동의 업무일정 관리를 하는 데 많이 사용하는 Tool이다.

　Gantt Chart의 장점은 주요 업무를 파악한 후 업무별로 시작 시점에서부터 마무리 시점까지를 막대 그래프로 표시하여 전체 업무 상황을 볼 수 있다는 것이다.

또한, Task 활동을 완수하거나 문제의 해결안을 실행하는 데 필요한 스케줄, 활동 내용, 책임 소재 등을 그래픽으로 보여주기 위하여 사용한다.

세부 실행 내용 구체화		담당자별 업무 분장	업무 마감 시간 산정	업무 소요시간 막대 그래프 표시			
구분	세부실행 내용	담당자	'21년 3월 진행 일정				비고
			1일~7일	8일~15일	16일~23일	24일~30일	
F1 작업 A	전 공정 설비 교체	허철수 사원					안전 관리
F2 작업 B	후 공정 설비 교체	김호영 대리					

Milestone Chart

Gantt Chart 위에 업무 Event의 시작과 종료, 활동 내용 중에서 중요한 일정 계획을 Milestone으로 표시하여 관리하는 Tool이다. 중요한 업무의 시작과 끝을 표시하고, 프로젝트 내부와 외부 업무와의 연관관계를 나타내거나 프로젝트 업무 중에서 핵심적으로 점검해야 할 사항의 일정 관리에 많이 사용한다.

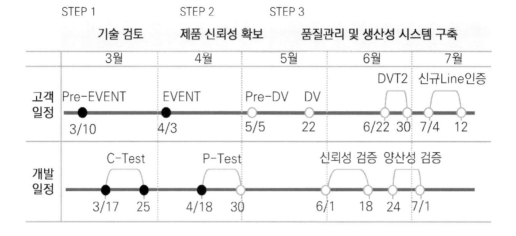

　　Task팀의 업무일정 관리 절차는 계획 수립, 실행, 사후관리로 이루어진다.

　　업무일정 관리는 Task 팀장과 팀원 모두의 책임이라는 것을 인식해야 하며, 함께 내용을 공유해야 한다.

　　업무일정이 지연되는 경우에는 투입해야 할 경영자원을 재분배하고 장애 요소에 대하여 신속하게 대처해야 한다. 시간이 충분히 주어지는 경우가 거의 없으므로, 주어진 환경 내에서 최선을 다해 업무를 완료하겠다는 정신 자세가 필요하다.

　　또한, 서두르면 모든 것을 망치게 되므로 긴급할수록 마음의 여유를 가지고 업무를 진행해야 한다.

　　업무활동 단계별로 일이 성공적으로 마무리되면 과정과 결과에 대하여 점검해야 하며, 개선해야 할 사항은 다음 활동 단계에 적용하여 보완해야 한다.

　　그리고 업무일정 계획에 따라 성공적으로 완수한 업무활동에 대해서는 반드시 Task 활동에 참여하는 임직원 모두와 함께 자축하는 시간을 가지는 것이 좋다.

6. Data 유지 관리

수집 및 생성한 Data를 유지하고 관리하는 목적은 현상 분석을 통해 문제와 근본 원인을 찾아내거나, 문제의 해결안 도출 과정과 성과에 대한 사실을 증명하기 위해서이다.

또한, Data는 관련 부서의 임직원들에게 Task팀의 활동 내용을 설명하고 협력을 끌어내기 위한 중요한 설득 수단이다. 나아가 Best Practice를 사내에 전파하는 데 필요한 Know-how가 집약되어 있다.

Data의 유형은 Raw Data와 Data를 요약한 내용, 참고자료, 회의록, 업무활동 일지와 현장과 현물에 대한 사진, 홍보자료, 업무활동 단계별 보고서^{테마 선정, 과제 선정, 변혁 프로그램, 실행, 평가, 업무 매뉴얼} 등이 있다.

Data를 유지하고 관리할 때 고려해야 할 사항은 현재와 미래의 활용을 검토하고 Data를 분류하여 관리해야 하며, Data의 수집 목적, 자료 내용, 출처, 용도 등을 기록해야 한다는 점이다.

그리고 주기적으로 Data를 정리하거나 수정 및 보완해야 하며, 중요한 Data는 반드시 Raw Data를 첨부하여 관리해야 한다.

또한, Task팀 활동으로 축적된 Data는 단순히 관리 대상으로만 다루어서는 안 되며, Task 활동 과정과 성과를 알리고 전파할 수 있는 Know-how가 집약되어 있으므로 관련 Data를 필요로 하는 부서가 Benchmarking하여 공유할 수 있도록 가치를 배가시켜야 한다.

그리고 Data 유지 관리를 잘하기 위해서는 반드시 담당자를 선임하고 Task 팀장은 Data가 잘 유지 관리될 수 있도록 적극적으로 관심을 기울이고 지원해야 한다.

7. Task 등록서

Task 등록서는 Task팀 활동을 공식적으로 수행하기 위하여 CEO
의 직속 부서^{경영혁신팀 또는 경영전략팀}에 등록하는 신청서이다.

TASK 등록서 ✓전사급 □본부급 □사업부급 □팀급		←Task팀장 사진	본부장	CEO
테마명	혁신 대상, 수단, 목표(결과)가 포함된 내용으로 기록	기간	소속	
팀 명	Task 활동내용을 상징적으로 표현하는 팀명을 기록	팀장	연락	

TASK 목적	혁신 목표(HOW MUCH)			한계 돌파 아이디어 (기대하는 Best Skill)
	KPI명	'20년 수준	업계 1등 수준	'21년 목표	
Task 활동의 핵심 목적을 기록	Task팀이 경영과제를 해결함으로써 직접적으로 개선되는 지표 기록			한계 돌파를 위한 아이디어 차별화 Point를 기록 예) 새로운 생산방식, 신기술 등

WHY	HOW	TASK팀 구성
▪ 사업 환경 테마 관점의 내부/외부 사업 환경을 요약하여 기록 – 일반환경(Force At Work) – 3C(시장, 고객, 경쟁사) – SWOT 등	KPI 목표 달성을 위한 핵심 과제별 진행 Process 및 일정 계획을 요약하여 기록	▪ 팀장 : ▪ 팀원 : Task팀 상근자의 이름을 기록

정량적 성과	정성적 성과	협조 요청 사항
KPI 목표 달성 시 기대하는 정량적 성과를 기록 (계산 근거를 유첨할 것)	KPI 목표 달성 시 기대하는 정성적 성과를 기록 (Best Practice, 표준화 사례 등)	Task팀 활동 진행과 관련한 애로 사항 및 지원 요청 사항을 기록

8. Elevator Speech

Task 팀원들은 언제 어디서든 자신들이 활동하고 있는 업무 내용을 대략 1분 내의 짧은 시간 동안 간략하게 설명할 준비가 되어 있어야 한다.

이렇게 할 수 있는 대표적인 방법이 Elevator Speech이다.

Elevator Speech는 의사결정 또는 협업과 관련하여 영향력이 있는 사람과 함께 엘리베이터를 탔을 때, 현재 수행하고 있는 업무와 이슈에 대하여 간단명료하게 설명하는 것을 의미한다.

Elevator Speech는 미국 할리우드에서 나온 용어라고 한다.

이름없는 시나리오 작가들이 가장 소원하는 것 중 하나가 유명한 영화감독들이 자신이 만든 시나리오에 관심을 갖는 것이라고 한다.

그래서 이름없는 시나리오 작가들은 유명한 영화감독들이 엘리베이터에 타기를 기다렸다가 함께 엘리베이터에 타서 내릴 때까지의 짧은 시간 동안 자신이 만든 시나리오 내용을 간략하게, 인상이 남도록 설명하는 것에서 이 용어가 유래했다고 한다.

특히 Task팀 활동은 중요한 의사결정이나 지원을 해줄 수 있는 Top$^{CEO \ 또는 \ 경영층}$, 협업이 필요한 관련 부서의 임직원들과 끊임없이 의사소통하고 홍보하는 것이 매우 중요하다.

짧은 시간 안에 Task팀 활동에 관한 내용과 중요한 이슈에 대하여 논리적이고 간단명료하게 설명할 수 있다면, 홍보 효과와 지원을 얻어낼 좋은 기회를 만들 수 있다.

Task팀의 테마명^{경영과제}을 작성할 때 혁신 대상, 혁신 수단, 혁신 목표에 관한 내용으로 구성된 간략한 문장으로 작성하는 이유도 Elevator Speech의 목적과 비슷하다.

Top^{CEO 또는 경영층}이나 다른 부서의 임직원들은 각자의 업무로 바쁘므로, Task 팀원들은 그들을 만났을 때를 대비하여 짧은 시간 동안 핵심적인 업무 내용을 논리적이고 간단명료하게 설명하는 문장을 미리 기억할 필요가 있다.

Elevator Speech 문장의 작성

○우리가 Task팀 활동을 하는 목적은 (   )에 관한 것입니다.
○우리가 Task팀 활동을 하는 이유는 (   )이기 때문입니다.
○우리가 수행하는 Task팀 활동의 목표는 (   )이며,
  성공을 하게 되면 (   )성과를 창출할 수 있습니다.
○우리가 당신에게 지원과 협력을 받고자 하는 것은 (   )입니다.

9. Task팀 활동의 성공 요건

첫째, Fact 중심의 사업환경 분석 과 Top^{CEO 또는 경영층}의 적극적인 관심과 의사결정을 통하여 테마^{경영과제} 선정이 당위성과 필요성을 확보하고 있어야 한다.

둘째, Task팀의 테마^{경영과제}활동 규모와 범위가 명확하며, 관련 부서들과 합의되어 있어야 하고, Task팀의 활동 기간에 테마활동의 규모와 범위를 자주 변경하지 않아야 한다.

셋째, Task팀 활동에 필요한 예산, 인원, 도구나 설비 같은 경영 자원이 제대로 확보되어야 한다.

넷째, 기대하는 성과 이미지가 명확해야 하며, 창출된 성과의 내용은 반드시 의사결정권을 가진 Top^{CEO 또는 경영층}과 Consensus가 되

어 있어야 한다.

다섯째, 어떠한 사업환경 변화에도 지속적인 경영이익을 만들어 낼 수 있는 도전목표^{Stretch Goal}를 설정해야 한다.

여섯째, 목표를 세부적으로 하류 전개^{Total Productivity Management}하여 Main KPI 목표는 Sub KPI 목표들로 집계될 수 있도록 해야 한다.

일곱째, 목표 및 Task팀 활동의 방향성을 구체화하고, 관련 부서 임직원들이 충분히 이해하고 수용할 수 있도록 설명하고 합의하여야 한다.

10. Task팀의 Life Cycle

Task팀도 생명체처럼 Life Cycle을 가지고 있으며, 팀 생성기, 팀 형성기, 팀 활성기, 목표 달성기의 단계로 성장한다.

성공적인 Task팀 활동을 위하여 Life Cycle의 단계별로 나타나는 현상을 파악하고 분위기를 활성화하는 노력이 필요하다.

Task팀의 Life Cycle

팀 생성기

Task팀은 서로 다른 부서에서 근무하던 임직원들로 구성되기 때문에, 팀 생성기에는 서로에 대하여 잘 모르고 친숙하지도 않다. 또한, 주어진 목표 과제를 어떻게 해결해야 할지 몰라서 Task팀의 분위기가 심리적으로 매우 긴장되고 불안한 상태에 놓여 있는 시기다.

그러므로 Task팀 활동 초기에는 팀원들이 서로를 알아가고 서로의 개성을 인정하며 팀워크를 형성하기 위해 노력해야 한다.

팀 형성기

팀 형성기는 Task 팀원들이 서로를 잘 알게 되고 친숙해짐으로써 제대로 된 Task팀의 모습을 갖추는 시기이다. 적극적으로 주어진 테마^{경영과제}를 해결하기 위해 현상을 분석하고 문제의 해결안을 찾고 도전하기 시작하면서, 차츰 심리적인 불안감도 감소하고 안정되어 가는 모습을 보이게 된다.

팀 활성기

팀 활성기에 Task 팀원들은 서로의 역량을 집중하여 주어진 테마^{경영과제}의 해결안을 도출하고 실행하면서, 조금씩 성과를 창출하고 성공을 체험하기 시작한다. 자신감이 향상되고 Task팀의 활동이 더욱 활발해지는 시기이다.

목표 달성기

목표 달성기는 도전과 노력의 결실로 테마^{경영과제}를 해결하고 본격적으로 성공을 체험하게 되는 시기이다. Task 팀원 개개인의 업무역량이 향상되고 성과 창출에 대한 공정한 평가와 파격적인 포상을 받게 되어 Task팀은 엄청난 자부심을 느끼게 된다.

변화관리

함께 해야 성과가 크다. 서로를 신뢰하자!

1. 변화에 대한 저항의 유형

문제의 해결안을 실행하는 과정에서 지금까지 한 번도 경험해보지 못했던 새로운 업무 방식에 대하여 영향을 받는 임직원들은 일반적으로 변화를 싫어하며 저항하게 된다.

이러한 변화에 대한 저항의 유형은 다양하게 나타난다.

첫째, "잘 모르면서 그러네! 시끄럽다! 조용히 있어라!"

문제의 해결안에 대한 이해 부족과 폐쇄성으로 인하여 문제의 해결안을 실행하고자 했을 때 관련 임직원들이 "잘 모르면서 그러네! 시끄럽다. 조용히 있어라!"라는 식의 불평을 하며 저항하는 예가 있다.

이러한 저항을 사전에 방지하기 위해서는 문제의 해결안을 본격적으로 실행하기 전부터 관련 부서의 임직원들과 의사소통을 원활하게 할 수 있는 회의체를 구축하여 개선활동의 필요성과 진행 내용을 정기적으로 공유하고 교류를 활성화함으로써 협업하는 분위기를 조성해야 한다.

둘째, "잘될 수 있다는 이유가 뭐냐, 증거가 있느냐!", "3년 전에

도 해봤는데 안 돼!"

문제의 해결안을 실행하고자 했을 때 실패에 대한 두려움 또는 앞장서서 일을 진행하는 것에 대한 부담감 때문에 임직원들이 "잘 될 수 있다는 이유가 뭐냐, 증거가 있느냐!", "3년 전에도 해봤는데 안 돼!"라면서 저항하는 경우가 있다.

이러한 저항에 대응하려면 리더가 결단하고 강하게 실행을 밀어붙이며 추진할 필요가 있으며, 혁신적이고 도전적인 조직문화를 만들어가는 노력도 해야 한다.

셋째, "이것은 내가 해야 할 업무가 아니야!", "이것은 나에게 전혀 도움도 안 되고 필요하지 않아!"

문제의 해결안을 실행하려고 하면 임직원들은 기존에 하던 본인의 업무수행에 추가적인 부담이 될 것 같다고 생각하며, 본인의 인사고과와 전혀 관련성이 없다는 이유로 실행에 참여하기를 싫어하는 경우가 있다.

이러한 저항의 경우에는 임직원들의 주인 의식을 높일 수 있는 혁신교육 과정을 운영하거나, 실행을 적극적으로 지원하는 임직원들을 중심으로 실행팀을 구성하고, 성과에 대하여 파격적인 포상을 주는 인사고과 체계를 구축하는 것도 좋은 대안이 될 수 있다.

넷째, "그게 언제 적 있었던 이야기인데 아직도 호랑이 담배 피우던 시절 이야기를 하고 있어?"

본격적인 문제의 해결안을 실행하기 시작했으나 시간이 지나면서 관련 임직원들의 관심 저하로 인하여 실행력이 차츰 떨어지게 되면, "그게 언제 적 있었던 이야기인데 아직도 호랑이 담배 피우던 시절 이야기를 하고 있어?"라는 식으로 무관심한 반응을 보이는 분위기가 조성될 수가 있다.

이런 상황을 극복하기 위해서는 관련 임직원들과 정기적인 의사
소통 채널을 강화하고 친밀감을 형성하여 문제의 해결안을 신속하
게 실행함으로써 지속적인 실행 업무에 관한 관심을 유도해야 한다.

2. 변화에 대한 저항의 이유

문제의 해결안을 실행할 경우 기존의 업무 방식과 완전히 다른
새로운 방식의 업무를 수행해야 하므로 회사 내부에 작거나 큰 변
화가 요구된다.

변화에 대한 임직원들의 저항은 의기소침해지는 소극적인 저항
에서부터 투쟁에 이르는 적극적인 저항까지 다양하게 나타난다. 이
러한 저항이 일어나는 여러 가지 이유가 있다.

첫째, 안정과 지위를 잃어버릴 것이라는 걱정 때문이다.

왜냐하면, 새로운 방식의 업무가 장기간 어렵게 배우고 습득한
업무 Skill이나 경험을 아무 쓸모도 없게 만들 것이라는 생각과 자
신들의 일자리를 잃을 수 있다는 두려움 때문이다.

이러한 저항은 초기부터 신중하게 관리하지 않으면 투쟁과 같은
엄청난 갈등이 발생할 수가 있다.

둘째, 불편함 때문이다.

현재의 업무에 새로운 방식의 업무가 추가되어 가중될 것이라고
느끼거나 그동안 숙련해온 현재의 업무 방식이 파괴되어 일을 더욱
어렵게 만들 수 있다고 생각하기 때문이다.

셋째, 불신감이나 불확신 때문이다.

새로운 업무 방식에 대한 이해 부족과 새로운 업무 방식이 현재 업무 방식보다 더 좋은 성과를 창출할 수 있는 것인가에 대한 신뢰와 확신이 없기 때문이다.

3. 저항에 대한 대응 방안

인식기, 허용기, 결정기, 적용기, 확산기 과정을 경험하면서 변화에 적응하고 실행이 가속화되게 한다.

그러므로 변화에 대한 임직원들의 저항은 당연하다고 생각하고, 저항의 현상을 이해하고 저항을 해소할 수 있는 효과적인 대응 방안을 찾아야 한다.

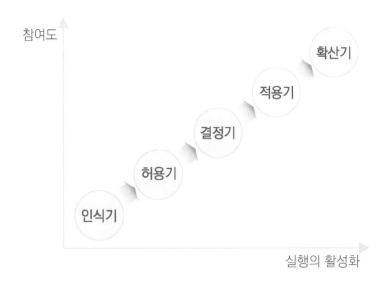

인식기

인식기는 임직원들이 문제의 해결안을 실행함으로써 발생하는 변화를 처음 접하게 되며 "왜 하는지 모르겠다. 어떻게 하자는 것인지 모르겠다."와 같은 반응을 보이는 시기이다.

대응 방안으로는 교육과 홍보를 통하여 임직원들에게 문제의 해결안을 실행하는 목적과 목표를 명확하게 설명하는 것이다. 그러나 실행을 지나치게 강요하면 오히려 더 큰 부작용을 일으키고 저항이 심해진다는 것을 명심해야 한다.

허용기

허용기는 임직원들이 변화에 대하여 좋고 싫음을 표현하고, 문제의 해결안을 실행함으로써 나타나는 변화가 자신들에게 어떠한 도움이 될 것인지 의문을 가지며, "새로운 변화가 좋다는 것은 알겠지만 하필이면 왜 지금 하려고 하는 것인지를 모르겠다."라는 반응을 보이는 시기이다.

또한, 임직원들의 변화에 대한 저항은 인식기보다 상대적으로 낮게 나타나지만, 실행 성과에 대한 의문은 여전히 나타난다.

대응 방안으로는 임직원들에게 문제의 해결안을 실행한 결과로 창출될 예상 성과에 대해서 명확하게 제시하고, 새로운 업무 방식의 차별성과 장점을 설명하는 것이다.

허용기는 변화에 대한 인식기와 실행에 적극적으로 참여하기 시작하는 결정기의 완충 시기이므로, 변화에 대한 불안감을 느끼지 않도록 임직원들이 스스로 생각을 정리할 시간을 줄 필요가 있다.

결정기

결정기는 임직원들이 변화를 받아들일 것인지에 대하여 결심하며, 문제의 해결안을 실행하는 활동에 참여할 것인지 또는 거부할 것인지에 대한 의사를 분명하게 하는 시기이다.

그러나 실행 활동에 참여하기를 거부할 때 저항을 강하게 외부적으로 표출하지는 않으며, 주위 동료들의 참여 또는 거부 결정에 관심을 두게 된다.

대응 방안으로는 주위 동료들의 참여 또는 거부 결정에 영향을 많이 받기 때문에 Top^{CEO 또는 경영층} 또는 유능한 리더가 실행에 직접 참여하여 지휘하고 있다는 것을 임직원들이 알게 하고, 문제의 해결안을 실행했을 때의 변화가 임직원들의 안정적인 업무와 지위를 전혀 위협하지 않음을 주지시키는 것이다.

적용기

적용기는 임직원들이 변화를 받아들이기로 한 결심을 행동으로 표현하며 문제의 해결안을 직접 실행해보는 시기이다. 동시에 과연 기대하는 결과가 어떤 성과로 나타날 것인지에 대하여 여전히 의구심이 생기는 시기이기도 하다.

그리고 또 다른 문제에 직면하게 되었을 때는 어떻게 대응해야 하는지 궁금증을 가지게 되며, 일상적인 업무 중 하나로 편안하게 인식하면서 적응하기 시작하는 시기이다.

대응 방안으로는 문제의 해결안을 실행한 결과가 임직원들에게 좋은 영향을 미칠 것이라는 확신을 심어주고, 실행을 가속하기 위하여 필요한 Skill을 교육하는 것이다.

본격적으로 임직원들이 변화를 받아들이고 실행에 참여하기 시작하면 필요한 경영자원을 구체적으로 지원하고, 창출한 성과에 대한 공정한 평가와 포상 체계를 구축하여 임직원들에게 공유하고 동기를 부여하는 것이다.

확산기

확산기는 임직원들이 적극적으로 문제의 해결안 실행에 참여함과 동시에 주위 동료들에게도 참여하기를 권하면서 실행이 확산되고, 실행 초기에 발생했던 여러 갈등이 사라지는 시기이다.

대응 방안으로는 문제의 해결안을 실행한 결과로 창출한 Best Practice 사례와 성공 체험을 사내에 전파할 기회를 제공하고, 실행 과정에서 발생하는 여러 문제점에 대하여 Feedback하고 개선하며 지원해주는 것이다.

그리고 가장 중요한 것은 성과 창출에 대한 공정한 평가를 시행하고 확실한 포상을 하는 것이다.

4. 협력을 끌어내는 방법

첫째, 문제를 인식하지 못할 때는 무엇이 문제인가를 명확하게 설명하여 이해시킴으로써 임직원들의 Consensus를 확보하도록 해야 한다.

둘째, 문제의 해결안에 대하여 임직원들이 동의하지 않을 때는 현상 분석의 내용을 상세하게 설명하고, 문제의 근본 원인을 제거할 수 있다는 신뢰를 보여야 한다.

셋째, 문제 해결의 능력에 대한 불신이 있을 때는 전문적인 Skill을 보유하고 있으며 투입할 경영자원을 갖추고 있다는 것을 보여야 한다.

넷째, 새로운 업무 방식에 대하여 부작용이 발생할 가능성이 있다고 임직원들이 주장할 때는, 부작용이 발생할 가능성이 작다거나 미래에 발생할 부작용에 대해 Risk Management를 통하여 미리 잘 대응할 것이라는 계획을 설명해야 한다.

다섯째, 문제의 해결안이 실제로 적용할 수 있는 것인가에 대한 불확신을 임직원들이 가지고 있을 때는, 문제의 해결안이 현장과 현물에 적용할 수 있도록 최적화되어 있음을 논리적으로 설명하고 적용 가능성을 확신할 수 있도록 해야 한다.

여섯째, 임직원들이 혼자 실행 업무를 해야 한다는 부담감과 두려움을 표현할 때는, 적극적인 관심과 지원, 코칭을 하는 체계를 갖추고 있음을 자세히 설명하고, 반드시 성과를 창출할 수 있다는 용기와 자신감을 느끼고 실행 활동에 참여할 수 있도록 격려하고 동기를 부여해야 한다.

5. 실행의 장애 요인과 대응 방안

실행의 장애 요인들은 Top$^{\text{CEO 또는 경영층}}$의 Commitment 부족, Task팀의 업무추진 Skill의 부족, 실행팀의 능력 부족, 조직문화 등이 있다.

첫째, Top의 Commitment 부족은 Top이 Task팀 활동을 중요하게 생각하지 않고 적극적인 관심이 없거나 제대로 지원하지 않는 경우이다.

Top의 Commitment를 확보하기 위해서는 Task팀의 업무 목표와 활동 방향에 대하여 Top의 Consensus를 확보하고, Task팀의 업무 내용과 이슈들에 대하여 정기적으로 보고하며 논의하는 회의체를 운영함으로써 Top의 관심과 지원을 끌어내야 한다.

Top의 관심과 지원을 끌어내는 가장 효과적인 방법의 하나는 Top의 현장방문 경영을 운영하는 것이다.

Top의 현장방문 경영이란 Task팀이 활동하고 있는 현장을 Top이 직접 방문하여 업무진행 현황을 점검하고 개선 방향에 대해 논의하며 신속하게 의사를 결정해주는 활동이다.

또한, Top이 Task 활동에 참여하는 임직원들에게 동기를 부여하고 격려해주는 활동이기도 하다.

둘째, Task팀의 업무추진 Skill이 부족하여 문제의 해결안을 실행하는 매뉴얼이 정교하지 않으며 결점이 있는 경우이다.

이러한 장애를 미리 방지하기 위해 Task팀은 철저한 현상 분석을 통하여 이슈가 가진 진짜 문제와 근본 원인을 증명하고, 문제의 해결안 도출과 업무 Skill을 개발함으로써 실행 매뉴얼을 정교하게 만들어야 한다.

셋째, 문제의 해결안을 현장과 현물에 적용하는 실행팀의 업무 Skill이 부족하여 실행이 지연되는 경우이다.

실행팀의 업무 Skill 부족을 해결하기 위해서는 관련 업무에 대한 전문적인 능력을 보유한 인재들을 중심으로 실행팀원을 선정하거나, 실행팀원들에게 필요한 업무 Skill 교육, 혁신 마인드 교육을 통하여 실행팀의 역량을 향상해야 한다.

넷째, 의사소통 채널의 부족과 업무 시스템의 문제, 임직원들의 혁신 마인드의 부족으로 비효율적인 조직문화가 형성된 경우이다.

효율적인 조직문화를 만들기 위해서는 관련 부서들이 원활하게 의사소통을 할 수 있는 Cross Functional 회의체를 운영함으로써 신속하게 정보를 공유하고 의사를 결정할 수 있도록 해야 한다.

그리고 임직원들이 변화에 적극적으로 도전하도록 혁신 마인드를 형성하고 업무를 전략적이고 논리적으로 수행할 수 있도록 창의적 문제 해결 프로세스를 교육해야 한다.

또한, 임직원들을 위한 동기부여 프로그램을 개발하고 성과 창출에 대한 공정한 평가와 확실한 포상제도를 운영해야 한다.

6. Top의 Commitment 확보

문제의 해결안을 실행할 때 가장 크게 영향을 미치는 것은 Top$^{CEO\ 또는\ 경영층}$이 얼마나 Task 활동에 관심을 가지고 지원을 하는지이다.

최종적인 의사결정자인 Top의 Commitment를 확보하지 못하면 문제의 해결안을 실행하기도 어려울 뿐만 아니라 Task팀의 존재 자체도 인정 못 받게 된다.

Top의 Commitment를 확보하기 위하여 준비기, 수용기, 몰입기에서 단계별로 일어날 수 있는 Top의 반응을 잘 관찰하고 대응해야 한다.

준비기

준비기는 Top이 문제의 해결안을 실행하는 것에 대한 이해와 관심이 부족한 시기이다.

"우리는 언제나 잘 해왔으니까 스스로 알아서 잘해나갈 것이라 믿습니다. 나는 바쁜 일이 있어서 그럼 이만…"

"Task팀 활동을 대충 1년 정도 하면 그만두겠지."

"문제의 해결안이 도출되었으니까 실행은 어떻게든 잘 진행되겠지."라는 반응을 보인다.

대응 방안으로는 Top에게 문제의 해결안을 실행하는 목적이 무엇이며, 실행한 결과가 경영성과 창출에 얼마나 이바지할 것인가에 대하여 설명하거나, 경영전략팀 또는 경영혁신팀과 같은 지원팀의 협력을 받아서 Top을 설득하는 것이다.

그리고 Top이 Task팀을 직접 방문하여 업무추진 현황을 보고받고 개선 방안을 논의하며 신속하게 의사결정을 해주는 현장방문 경영을 활성화해서 Top의 적극적인 관심을 유도하는 것이다.

수용기

수용기는 Top이 문제의 해결안 실행에 대해 충분히 이해하고 관심을 기울이며 업무추진 방향을 구체적으로 제시하는 시기이다.

"실행 활동의 목표는 원가를 30% 이상 절감하는 것입니다."

"실행에 투입하는 경영자원을 최소화하도록 합시다."

"문제의 해결안을 충분히 잘 이해하겠습니다."

"실행에 참여하는 임직원들의 노력에 감사드리며 힘냅시다."라는 반응을 보인다.

대응 방안으로는 Top에게 문제의 해결안 실행이 원활하게 진행될 수 있도록 필요한 경영자원의 투입, 실행의 활성화를 위한 협력을 수시로 요청하거나, 향후 업무추진 방향과 성과에 대하여 보고하고 정기적으로 Top이 직접 현장방문 경영을 통하여 진척 상황을 점검하도록 하는 것이다.

또한, Top에게 Task팀이 테마^{경영과제}를 반드시 해결하고 성과를 창출하겠다는 의지를 보여주는 것도 좋다.

몰입기

몰입기는 Top이 Task팀의 활동 목표를 반드시 달성할 수 있도록 적극적인 관심을 기울이며 지원하고, 구체적인 업무추진 방향을 지시하거나 적극적으로 의사를 결정하는 시기이다.

"투입비용이 들더라도 반드시 완성하도록 해야 합니다."

"적극적으로 실행에 참여하고 성과를 창출하는 임직원들을 공정하게 평가하고 포상할 것이며, 실행 참여에 소극적인 임직원들에게는 적극적으로 참여할 수 있도록 독려할 것입니다."

"실행계획은 단기적인 관점과 중장기적인 관점에서 수립되어야 하며, 실행의 장애 요인들을 최대한 찾아서 제거할 수 있도록 직접 돕겠습니다."라는 반응을 보인다.

대응 방안으로는 Task팀 활동에 지속적인 관심과 지원을 끌어낼 수 있도록 실행 성과들을 Best Practice로 만들어서 Top에게 자주 보고하는 것이다.

결론적으로 Top의 Commitment를 확보하지 못하는 이유는 대부분 Task팀 또는 실행팀이 변화 전략을 제대로 수립하지 않았기 때문이다.

Top의 무관심을 탓하기 이전에 먼저 Task팀의 업무활동 과정을 점검한 후 미흡한 변화 전략을 보완하거나 관련 부서 또는 사외 컨설턴트의 도움을 받아서 Top의 적극적인 관심과 지원을 얻어 낼 수 있도록 노력해야 한다.

넷째 마당

혁신 리더십

진정한 리더란?

끈질김 → 자신감   일을 진행해야 할
방향을 명확히 안다

진실, 성실, 겸손을 바탕으로

기본 자질

해야 할 일이라면 과감하게 하자!

1. 혁신 마인드

혁신 마인드는 진실, 성실, 겸손한 마음을 바탕으로 자기 자신과의 싸움에서 이겨야 하며, 치밀한 분석과 빈틈없는 준비로 한계에 도전하고 가슴속에서부터의 진정한 변화와 도약을 통하여 성과를 극대화하는 사고를 하는 것이다.

혁신 마인드는 큰소리로 구호를 외친다고 가져지는 것이 아니라 "나는 하고 싶다!", "나는 하기를 원한다!"라고 가슴속 깊은 곳에서 진정한 외침이 일어날 때 비로소 가지게 되는 것이다.

또한, 혁신 마인드를 가진다는 것은 상대방에 대한 경청과 배려를 통한 원활한 의사소통과 동기부여, 창의와 열정을 통하여 가치를 창출함으로써 세계 일등이 되겠다는 정신 자세를 가지는 것을 의미한다.

세계 일등이 되겠다는 것은 업무와 인간관계를 뜨거운 애정으로 대하고 세계 최고에 도전하는 열정으로 창의적인 사고와 끊임없이 혁신해야 하며, 항상 고객이 무엇을 원하는가를 분명하게 파악하고 최고의 Skill을 확보함으로써 최고의 가치를 제공하는 전문가가 되도록 노력해야 한다는 것이다.

2. 열린 소통

열린 소통이란 현재의 성과에 대하여 자만하지 않고 상대방이 확실한 믿음을 가질 수 있도록 진실된 마음으로 대하고 끊임없이 성실하게 자기 역량을 향상해나가는 자세를 가지는 것이다.

열린 소통을 하기 위해서는 상대방이 하는 말을 집중하여 잘 경청하고 상대방이 처한 상황에 대한 이해와 공감을 통하여 배려함으로써 상대방이 진심으로 원하는 것을 파악하여 연구하고 가치를 제공하도록 해야 한다.

또한, 열린 마음으로 조직 간의 장벽을 없애고 신속하고 명확하게 의사소통함으로써 불필요한 업무의 낭비를 제거하고 실행력을 높일 수 있도록 노력해야 한다.

3. 적극적 협업

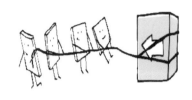

적극적 협업이란 상호 신뢰를 바탕으로 상대방의 강점과 자신의 강점을 발견하고 최선을 다해 능력을 발휘하여 경영 과제 해결과 경영목표를 달성할 수 있도록 함께 힘을 모으는 것이다.

적극적 협업을 하기 위해서는 상대방을 존중하고 일관된 원칙에 따라 자율적이고 창의적인 사고로 업무를 하는 분위기를 만들고 성과 창출에 대한 공정한 평가와 대우를 함으로써 상대방을 인정하고 동기 부여하도록 노력해야 한다.

결국, 적극적 협업은 일과 사람, 조직에 대한 깊은 애정을 가짐으로써 가능하다.

4. 한계돌파

한계돌파란 가슴속 깊이 변화하여 자신의 역량을 향상하고 사업환경을 극복하기 위하여 높은 목표를 설정하고 끝까지 될 때까지 도전하여 반드시 성과를 창출하는 강한 실행력을 가지는 것이다.

한계돌파를 위해서는 자유로운 상상을 하고 그러한 상상에 목적과 높은 목표를 설정하고, 창의적인 아이디어 발상으로 해결안을 찾아서 실행을 가속화할 수 있는 능력을 갖추어야 한다.

"설비의 능력은 무한한데 설비에 대한 한계를 만드는 것은 인간의 생각이다"라는 이야기가 있다.

이것은 "능력에는 한계가 있을 수 없으며, 단지 생각의 한계만 있다는 것이며, 목표의 수준이 인간의 사고와 운명을 변화시킨다"는 것을 의미한다.

스스로 해낼 수 있다는 열정을 바탕으로 혁신 목표를 설정하고 과감하게 한계를 극복하기 위하여 도전할 수 있는 자신감을 가져야 한다.

Part 2

버려야 할 리더십

에너지 뱀파이어가 되지 말자!

1. 기본 경시

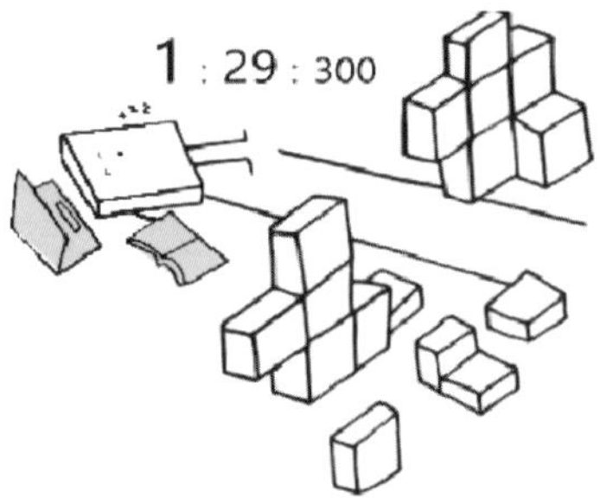

기본 경시는 "사소한 것들은 대충 무시해도 된다"라고 생각하는 것으로써 반드시 버려야 할 리더십이다.

1931년 미국 산업안전의 선구자인 하인리히Herbert William Heinrich는 자신이 쓴 '산업재해 예방의 과학적 접근'이란 책에서 수많은 작은 사고들과 징후들이 나타나면 반드시 대형사고가 일어난다는 1:29:300 법칙에 대하여 논하였다.

이것을 하인리히 법칙이라고도 하며 300번의 사소한 징후들이 29번의 작은 사고들을 일으키고 결국 1번의 대형 사고로 이어진다는 것을 의미한다.

사소한 잘못을 무시하게 되면 그동안 공들여 쌓아 놓았던 탑을 한 순간에 무너뜨리게 된다는 것이다.

쉽게 간과할 수 있는 사소한 잘못들로는 업무 프로세스의 미준수, 정보 보안 미준수, 음주 운전, 안전불감증, 성희롱과 잘못된 관행 등이 있으며, 이런 것들이 하나씩 쌓이게 되면 한 번의 대형사고로 이어진다는 것이다.

그러므로 하인리히 법칙을 역발상 하여 해야 할 300개의 작은 일들을 올바르고 성실하게 수행하다 보면, 29개의 중요한 경영성과를 창출할 수 있게 되고, 결국 그것들이 모여서 최고의 성과를 만들 수 있게 한다는 역발상의 리더십을 발휘하는 것도 좋을 것 같다.

2. 부분 최적화 마인드

부분 최적화 마인드는 "우리 일이 아니니 관심 가질 필요도 없다"라고 지시하는 것으로써 반드시 버려야 할 리더십이다.

신제품을 개발하여 생산할 때 개발부서는 최고의 성능과 개발원가 절감을 했다고 자랑하고, 생산부서는 확실한 생산 Capa. 확보와 최고의 수율을 달성했다고 평가하고, 품질부서는 모든 품질 Audit 통과하고 최고의 품질 경쟁력을 갖추었다고 자부한다.

이렇게 신제품 개발과 생산에 관련된 각부서가 자기부서의 업무와 성과에 관해서만 관심을 가지고 자화자찬하며 서로가 협업하지 않는다면 시장에서 고객을 만족하게 할 수 없는 전혀 엉뚱한 괴물 신제품이 탄생하게 된다.

그러므로 업무의 기획단계에서부터 관련 부서들이 서로 긴밀하게 미리 소통하고 아이디어를 모으고 협업하는 전체 최적화 마인드로 업무를 수행함으로써 회사의 전체적인 경영이익을 극대화할 수 있도록 리더십을 발휘해야 한다.

3. 창의적 도전 의지 저해

 창의적 도전 의지를 저해하는 것은 "과거에 다 해 보았던 것이야! 절대 그건 될 수가 없어 안돼!"라고 말하는 것으로써 반드시 버려야 할 리더십이다.

답을 이미 스스로 정해놓고 상대방에게 Yes라는 답을 강요하는 사람을 '답정너'라고 한다.

프로젝트 선정회의에서 팀장과 사원이 프로젝트 방식에 관한 의사결정을 하는 회의를 하고 있었다.

팀장 : 이번에 시작할 프로젝트는 기존의 N 방식이 어떨까 생각합니다.

사원 : (마음속으로는 U 방식이 N 방식보다 좋다고 생각하지만) 네, 팀장님 말씀대로 N 방식이 좋을 것 같습니다.

역시 팀장님 대단하십니다.

사원 : 팀장님 동시 동작이 가능한 방식으로 아이디어를 적용하는 것이 좋을 것 같습니다.

팀장 : 그런 아이디어는 적용하기 힘들고 효과가 없습니다. 예전에 다 해보았던 것입니다.

사원 : (동시 동작 아이디어 적용이 가능하다고 생각을 하면서도) 팀장님께서 이미 다 해보신 것이라면 동시 동작 아이디어를 적용하지 않는 것이 좋겠습니다.

이것처럼 이미 자신이 상대방에게 기대하는 대답을 정해놓고 동의를 유도함으로써 상대방의 창의적 도전 의지를 미리 꺾어 버리는 '답정너'가 되지 않도록 해야 한다.

4. 강압적인 조직 분위기 조성

강압적인 조직 분위기 조성은 "야! 그냥 시키는 대로 해!"라고 지시하는 것으로써 버려야 할 리더십이다.

이렇게 불편한 조직 분위기를 조성하는 것은 사용하는 말에서부터 시작된다.

예를 들면 "인마! 무슨 말이 많아 내가 시키는 대로 해란 말이야!", "왜 상황 돌아가는 분위기를 파악을 못 하나?", "뭘 그렇게 일찍 퇴근하느냐?", "내가 사원 때는 네가 하는 일보다 더 힘든 일도 해보았다", "회사 생활 겨우 몇 년 했다고 그러냐?", "요즘 별로 하는 일이 없지?" 등이 있다.

이러한 말들은 조직 분위기를 망치고 기를 죽인다.

그러므로 상대방에게 자신감과 용기를 불러일으키고 동기 부여할 수 있는 말이 조직 분위기를 활성화하는 에너지가 된다는 것을 절대로 잊어서는 안 된다.

過而不改 과이불개　是謂過矣 시위과위

"잘못해 놓고, 그것을 고치지 않는 것은 정말 잘못하는 것이다."(논어)

바람직한 리더십

진실, 성실, 겸손하게 행하자!

1. 긍정적 사고

긍정적 사고는 "세상의 모든 일은 자기 스스로가 할 수 있다는 마음먹기에 달려 있다."는 생각을 하며 행동하는 바람직한 리더십이다.

'必死卽生^{필사즉생} 必生卽死^{필생즉사}' 너무나도 유명하고도 익숙한 글귀이자 이순신 장군의 임진왜란 3대 해전 중의 하나인 명량대첩과 관련된 것이다.

당시 13척의 군선밖에 없었던 조선 수군이 133척의 왜국 군선과 전투를 벌여야 하는 절망적인 상황과 절박한 상황이 '必死卽生^{필사즉생} 必生卽死^{필생즉사}'의 글귀에 담겨 있다.

명량해전은 13대 133이라는 압도적인 열세로 인하여 조정에서조차도 정면 대결하지 않기를 원했던 이 해전은 지형과 심리전을 활용한 빈틈없는 전술과 두려움을 할 수 있다는 용기로 바꾸는 이순신 장군의 리더십으로 조선해군의 승리로 끝났다.

어떠한 상황에서도 해낼 수 있다는 이순신 장군의 긍정적 사고는 반드시 본받아야 할 리더십이다.

2. 고정관념 타파

고정관념 타파는 "기존의 틀을 과감하게 깨면 전혀 다른 새로운 세상이 펼쳐진다."는 생각을 하며 행동하는 바람직한 리더십이다.

벌 3마리와 파리 3마리를 뚜껑이 없는 각각의 유리병 속에 넣고 병의 바닥을 밝은 빛이 들어오는 창문 쪽으로 향하도록 뉘어 놓은 후 가만히 관찰해보면, 벌들은 밝은 빛이 들어오는 유리병의 바닥 방향에서 출구를 찾으려고 노력하다 결국 지쳐서 유리병 속을 탈출하지 못하고 죽게 된다고 한다.

그러나 파리들은 유리병 속에서 이리저리 날아 다니면서 출구를 찾다가 빠른 시간 내에 유리병의 출구를 찾아서 탈출을 하게 된다고 한다.

벌들이 유리병을 탈출하지 못한 이유는 밝은 쪽에 출구가 항상 있을 것이라는 믿음을 버리지 않고 유리병의 바닥이 막혀있음에도 불구하고 계속해서 바닥에 부딪치며 탈출하려고 했기 때문이다.

고정관념을 타파하는 리더십을 가지려면 '반드시 그렇다'라는 사회적인 통념 또는 쉽게 변화하지 않으려는 개인의 행동을 결정하는 의식이라 할 수 있는 Dogma를 과감하게 버려야 한다.

3. 실력 배양

실력 배양은 "쉬지 않고 최선을 다해 노력하면 자신의 실력이 향상하고 자신감이 생긴다."는 생각을 하며 행동하는 바람직한 리더십이다.

실력 배양을 하기 위해서는 열정과 도전정신으로 업무 현장을 중요시하고 통찰력을 가지기 위하여 끊임없이 자기계발을 하며 상대방을 덕으로 끌어안고 성장과 발전을 시키는 노력을 해야 한다.

제30회 런던 올림픽^(2012년) 레슬링 남자 그레코로만형 66kg급 금메달 수상자 김현우 선수는 "나보다 많은 땀을 흘린 선수는 아무도 없다. 나보다 더 많은 땀을 흘린 선수가 있다면 금메달을 가질 자격이 있다"라고 열정과 실력 배양을 위한 노력을 말하였다.

이순신 장군은 회오리 물결이 있는 울돌목에서의 전투는 매우 위험하다고 모두가 반대할 때 "아니다! 울돌목의 조류를 잘 이용한다면, 전투에서 우리 조선 해군에게 유리하다"라고 했으며 결국 명량해전에서 대승을 거두었다.

이순신 장군이 승리를 확신했던 것은 전투에서 승리를 위한 전술 수립을 위하여 사전에 직접 울돌목에 가서 지형과 조류의 흐름과 속도를 치밀하게 분석했기 때문이다.

이순신 장군은 현장에 대한 치밀한 분석을 통한 실력 배양을 위하여 몸소 실천하였다.

자동차 왕 헨리 포드는 생산을 효율화하기 위하여 초우량 기업들의 생산 시스템을 끊임없이 견학하였으며, 반드시 배울 점이 있다고 생각하면 세밀하게 관찰하고 생산 현장에 적용하는 통찰력이 있었다.

특히 헨리 포드는 시카고 도축장에서 도축된 소의 이동 시스템을 관찰하고 컨베이어 벨트 시스템에 대한 아이디어를 발상하여 자동차 생산라인에 적용하였다.

올림픽 금메달리스트 김현우 선수, 명장 이순신 장군, 자동차 왕 헨리 포드의 리더십을 통해서 배울 점은 탁상공론은 그만두고 끊임없이 실력을 향상하기 위하여 최선을 다해 노력하는 열정과 도전정신을 가지는 것이다.

그리고 모든 문제의 해답은 현장에 있다는 자세로 직접 현장에 가서 현물을 보고 현실을 파악하고 느낌으로써 현상을 제대로 알고 문제의 근본 원인을 찾아 해결하는 현장을 중요시하는 사고를 하는 것이 실력 배양의 길이라는 것이다.

4. 결행(決行)

결행(決行)은 "진정한 능력을 바탕으로 자신을 분명히 믿고 모든 노력을 집중해서 쏟아 붓는다."는 생각을 하며 행동하는 바람직한 리더십이다.

조선시대 거상 임상옥은 중국 상인들과의 인삼가격 협상에서 기존에 인삼 1근당 은 25전에 팔던 것을 은 40전으로 인상하였다.

그 당시 인삼은 조선 최고의 품질이었으며, 조선으로부터 인삼판매 독점권을 부여 받았고 10년간 인삼 가격이 동결되었다는 것을 고려하면 인삼 1근당 은 40전은 충분히 합리적인 가격이었다.

그런데 중국 약재상들은 담합하여 인삼 구매를 거부하였다.

이에 거상 임상옥은 결국 조선으로 귀국하는 날 시장 한가운데에서 인삼을 불태우기 시작하였다.

조선에서 온 인삼의 반이나 불타오르게 되자 중국 약재상들의 마음이 다급해지기 시작하였다.

왜냐하면, 중국 약재상들은 품질 좋은 조선의 인삼이 없다면 제대로 된 약재를 만들 수 없었기 때문이었다.

결국, 거상 임상옥은 이 사건 이후 불에 탄 인삼의 보상을 포함한 가격인 1근당 은 90전으로 중국 약재상들에게 인삼을 팔 수 있게 되었다.

이러한 거상 임상옥의 이야기는 百尺竿頭 進一步^(백척간두진일보) 즉 백 자나 되는 매우 높은 장대 위와 같은 막다른 길목에서 한 걸음을 더 앞으로 나아가면 떨어져 죽을 것 같지만 "두려움을 무릅쓰고 한 발 더 나아가는 목숨을 걸 때에 비로써 살 길이 생긴다!"는 진정한 결행^(決行)의 리더십을 깨우쳐 준다.

5. 심종(心從)

심종(心從)은 "마음속에서 우러나와서 따르다"라는 의미이다.

이러한 심종(心從)을 끌어내기 위하여 "따뜻하고 진실하게 대함으로써 사람의 마음을 움직이면 세상을 바꿀 수 있다."는 생각을 하며 행동하는 바람직한 리더십이다.

사람들은 상대방을 좋아하게 되면 아무리 힘든 부탁이라도 듣고 따르는 경향이 있다.

상대가 반할 수 있는 매력과 인간성을 갖추고 따뜻한 마음으로 심종(心從)을 끌어낼 수 있는 리더십을 길러야 한다.

심종(心從)을 끌어낼 수 있는 리더십의 가장 기본자세는 잘 듣는 것이다.

聽(들을 청) 한자를 자세히 분리해서 보면 임금(王), 귀(耳), 열(十), 눈(目) 한(一), 마음(心)으로 구성되어 있다.

그 의미는 활짝 열린 임금의 귀로 상대방이 말하는 내용에 집중하고, 상대방의 표정이나 몸동작 등의 비언어적인 표현들을 열 개의 눈으로 꼼꼼하게 지켜보고, 상대방과 한마음으로 느끼고 공감한다는 것이다.

그러므로 리더십의 가장 핵심은 聽(들을 청)의 실천이라고 할 수 있으며, 그것을 통하여 구성원들의 심종(心從)을 끌어낼 수 있다.

聽(들을 청)

王 耳 十 目 一 心

마무리하면서

    일을 잘하는 방법은 현재 수준에 만족하지 않으며, 함께 일하는 상대방을 존중과 진실, 성실, 겸손의 자세로 대하고, 상대가 하는 말을 적극적으로 경청하고 배려하며, 열린 마음가짐으로 정확하고 신속하게 상대방과 소통하는 것이다.

    또한, 상호 신뢰를 바탕으로 조직의 성장과 발전이 자기 자신의 발전으로 이어지도록 강한 열정을 가지고 끊임없는 자기 계발을 이어가며, 최선을 다해 강점을 발휘하여 능동적으로 협업하는 자세를 지니는 것이다.

    그리고 창의적인 아이디어 발상과 논리적인 문제 해결 능력, 꼭 이루고 싶다는 열정을 갖고, 목표를 반드시 달성하겠다는 변화와 도전의 자세로 강한 실행력을 갖추는 것이다.

    "아는 만큼 행한다."라는 말이 있다.

    일에 대한 자신감은 아는 것으로부터 나온다. 알기 위해서는 최선을 다해 공부하고 연습하고 적용해 보아야 한다.

    일에 대한 자신감이 생겨서 더욱더 활기찬 직장 생활이 될 수 있기를 간절히 바라는 마음이다.

경주에서 김영호

김영호 ————————————————————

(경영혁신 컨설턴트)
고려대학교에서 경영학을 공부하였으며, LG반도체 경영기획·경영관리, LG디스플레이 경영혁신·경영진단, LG전자 구조 개선 업무를 수행한 실무 경험을 바탕으로 현재 혁신 리더십과 변화, 창의적 문제 해결 프로세스에 대한 기업 강의와 경영 성과 창출을 위한 Task 활동 체계 구축 및 운영 실무에 관하여 기업 컨설팅 활동을 활발하게 하고 있다.

(저자 강의 및 컨설팅 문의)
이메일 : okkyhe@naver.com

일 잘하고 싶어?
그럼 Task 팀처럼 일해봐!(큰글자도서)

초판인쇄 2023년 1월 31일
초판발행 2023년 1월 31일

지은이 김영호
발행인 채종준
발행처 한국학술정보(주)

주소 경기도 파주시 회동길 230(문발동)
문의 ksibook13@kstudy.com
출판신고 2003년 9월 25일 제406-2003-000012호

ISBN 979-11-6983-078-2 13320